在多變的婚姻危機中找出路

山盟海誓

比不過一張紙

蘭天律師———著

目錄

推薦序

信任關係以轉化危機

彭南元

末學任職地方法院家事法庭法官多年，有幸歷經我國社會與家庭之劇烈演化，以及法律制度之因應變革。惟以近年來法院的家事事件無論在量的增加，以及在質之變異，都造成法院極大負擔，平日所面臨之挑戰與承受之壓力，不言可喻。

多年的實務經驗發現：到法院打官司的雙方，雖多以對峙的樣貌出庭，其實，在他們的內心深處都期待法院能為他們量身訂做一個符合他們需求的解決方案（包括裁判），不僅脫離困境，還能維持某程度的關係。

法院為要符合以上需求，就要大大變改以往專以裁判的作風，首先，要本著同理心辦案。其次，要適時連結資源，發揮司法便民風貌，使國民相信法院是一個溫暖有人性的處所。最後，法院務必以維持家庭之平和安寧，謀求社會之共同共榮，以奠定國家之發展基礎。

法院為落實以上難以實現之使命，必須要有很多幫手。大律師們是其中最重要者。由於信任關係，言行舉止都會影響當事人，如能協助法院落實以上，則紛爭事件達成共識應屬順利可期。然而，事常與願違，即使大律師們想協商，然造成對立之恩怨與誤會常難以撼動。此時，大律師們如能在各自堅守護衛當事人權益立場外，並能兼顧公共利益之維護（諸如父母離婚時如何兼顧未成年子女之權益等），則兩造間之敵我情勢常能大幅減低，利於法院發現解決紛爭的契機（量點），以轉化危機，功勞甚大。

末學在意外驚訝中受邀寫序，在時限壓迫下，不免犧牲睡眠。深體作者在極端忙碌下著書，藉此分享律師生涯期間所經歷的種種辦案歷程與所作所得，不惟得以引發同道的共鳴與學習，同時更使身為司法人的我，確實了解作為一個好律師至少具備下列條件：首先，接案與辦案有其既定之遠大宗旨與專業倫理，貴以當事人的權益與需求為中心，不只以自己的報酬為依歸；其次，齊備並專精法律與其他相關專業；再者，接案前後對當事人情緒之同理、案情與利害關係之分析到位，尤其尊重自我決定。更者，以豐富的人生歷練，以人為本的生活智慧，無形中以言教與身教發揮了潛移默化之效；最後，終身學習使得身心靈時時提升。

本文作者在接案時，藉由法律的專精與累積多年的實務經驗，在法律架構下，能洞悉法院的生態環境與動力關係，不僅為保障當事人之正當權益，同時也為法院發現真實，以不卑不亢而積極、敏銳又圓融的應對與處理，不僅是當事人最好的指導助伴，亦是法院的外在幫手。

期勉自己今後在辦案時，要努力發現並深深感謝大律師們在協助當事人應對法院以及協助法院辦案所花費的心力與貢獻！

作者在文中的敘事與表達能力優越，所描述的每個辦案歷程，點點滴滴，都彷彿歷歷如昨，生動、真實又扣人心弦。由於拜讀了這些生命中的各種美好經驗，使我內心升起無限的感佩之情，久久不能自已，實是我生命中的學習榜樣。

●本文作者為台灣台北地方法院家事法庭法官

推薦序

視變局為人生計畫一環

楊順清

雕欄玉砌應猶在，只是朱顏改。
問君能有幾多愁？恰似一江春水向東流。

〈虞美人〉．李後主

女兒赴美就讀高中已居一年，此次返台已出落得亭亭玉立，從女孩變成少女了。而周遭不少經濟獨立的白富美熟女友人，她們伴侶出軌的比例甚高，而且大半至今都沒有離婚，默默承受著婚姻帶來的痛苦。因此，我杞人憂天起來，憂心女兒該如何學習選擇終身伴侶？而選擇有誤時，又該如何處理？事實上，古今中外的小說劇本，尤其古典詞曲懷春傷情的內容占了大半，大意是這樣：山光水色明媚怡人，似乎亙久不變，感情事剛開始甜甜蜜蜜，後來卻紛紛擾擾一團糟，等到青春不再，一切都悔恨莫及。

所以一個父親面對成長中的摯愛女兒，不能只給她學歷和金錢，還要介意影響她幸福甚深的價值觀，在我看來，價值觀的選擇幾乎決定了一對伴侶可否一起度過婚姻的難關。而一般人對於以下價值觀取向的排序如下：

1. 工作，賺錢與性（泛指物質情慾的滿足）。
2. 健康與友誼（泛指身心的健康）。
3. 家庭與信仰（泛指靈的需求）。

自從柏林圍牆倒了，這個世界只剩下唯利是圖的消費主義，災難已經免不了了。價值瞬間崩壞，加上網路科技將所有遮羞布拿掉，我們目前活在一個沒有理想可以追尋，沒有大師可以尊敬，沒有風骨品味可以作價，沒有新聞訊息可以相信的年代。沒有足以抗衡物質消費的社會主義，我們只剩下危顫顫的人，一種極為軟弱的動物，渾身充滿著罪惡。當一對男女誓言結婚永浴愛河，卻把工作，賺錢與性擺在第一位，然而物質情慾是不知饜足的，更殘酷的是人必然隨著年齡增加而蒼老病殘，甚至金錢匱乏。所以欠缺家庭與信仰教導的男女，往往過了中年就要面臨彼此的背叛，感嘆感情事剛開始甜甜蜜蜜，後來卻紛紛擾擾一團糟，等到青春不再，一切都悔恨莫及……甚至走上離婚，對薄公堂訴訟的難堪境地。

即便伴侶雙方對家庭信仰，健康友誼，以及工作錢與性，三組人生價值的排序都是一致的話，也很難保證終生幸福，只是婚姻的穩定度稍高一些。自是人生長恨，水長東。我們幾乎要視無常為常態，視變局為人生計畫裡的一環，才能在欠缺理想的墮落世代中，尋覓到彼此相愛相守的微光。

為什麼一本談婚姻法律諮詢故事的書，會談到上述那麼龐雜的議題呢？只因為書的作者是蘭天。

第一次見到蘭天是在朋友家庭聚會的場合，她永遠是一個母親帶著孩子，也永遠是一個朋友帶著大姊的關懷，在你身邊呵護著。她真的不像一般嗜血的律師，幸災樂禍，推波助瀾，總希望世上多發生些不幸的離婚事件，毀信背義的合約官司，讓她可以謀取名利財富。我猜想她身為母親和大姊的歷練，職場上的風雲變色，觀察人生百態，領略人性幽暗，探索天道運行。這些人性詭譎巧取橫奪的難堪面相，都化為一幕幕可以記取教訓，啟發人生的正向因緣。加上她善於傾聽的溫暖個性，以及理性內斂的專業素養，甚至會考量當事人與訴訟對象的兩造雙贏。畢竟彼此曾經「此情可待成追憶？只是當時已惘然」，對立的雙方多是一起征戰過的甜蜜夥伴。

蘭天就是這麼獨一無二的律師，所以舉凡婚姻裡的家暴爭產，棄婦權利，小孩監護，兩代情仇以及豪門恩怨，她都能在法律上迎刃而解，但事後總是跟我娓娓道來她內心的沉痛與感嘆。所以，這本書的出版應該是蘭天長久以來的一個夢想，夢想藉由一樁樁她變造過的法律諮詢故事，幫助芸芸眾生有所借鏡，在這個殘酷的世界，學習更多的生存本領。因為古今中外只要是人都會有生存和成長問題，也會和他者發生關係的矛盾衝突，希望能透過這些矛盾衝突，增加對人的理解與對生命的終極關懷。

雖然蘭天是個如此溫暖的律師，但我們多年的往來過程中，我兩度成為她的「對方」，那真是蠻慘烈的經驗。第一次是我介紹一位電影行銷朋友找蘭天當律師，追討台灣一部賣座電影的行銷費，結果打給她的當下，她說對方導演已經找她當法律顧問了。第二次是我在一家紀錄片媒體公司任職，理所當然找她當法律顧問，後來我暫時離開該公司，她也就被該公司換掉了。等我回來該公司繼續任職，委託另一位大導演拍攝公司紀錄片，正擬定雙方合約時，蘭天居然也是該大導演的顧問，最後合約條件在她的專業與堅持下，幾乎可以用全軍覆沒來形容。不過，該公司如今再聘回蘭天，意思就是打不過你，就和你站在同一陣線上。以上純屬虛構，如有雷同，只是想說明蘭天的專業是不打折的，就算我們那麼密切的好友，一樣要你難受。

最後希望這本書趕快出版，在女兒滿十八歲的生日送上，讓她未來除了有身心靈價值面的教導外，也有最後一道法律防線的保護。不過最好一輩子都用不上，你我皆然。

●本文作者為亞太影展最佳影片《台北二一》導演

推薦序

預防重於治療

劉哲雄

筆名蘭天的作者，不只是一位執業的律師！因為，在十餘年的互動中，更確切的認識到她是一位《易經》與佛法等諸多經典的喜好者、實踐者與推廣者。近來，她更由於經典的薰陶所引領心性的轉化，逐漸將執業的重心專注在著作權益的維護上，並開始進行相關教育的推展以利益更多在這方面不善於自我保護的人；而我就是在她心性轉化下的最大受益者之一。因為就是在她的督促和支持下，才能將自己推廣《易經》的經驗與禪修練習的心得，藉由文本及電子書與讀者們分享！

幾年前就已經閱讀過她所整理律師執業時的心路歷程，當時就建議她出書以引領讀者們，讓大家有機會因為理解而做好防患作業與準備，以避免在人生情感的漏流中重蹈覆轍、陷於糾纏不清的困境之中。如今，受邀撰寫推薦序，自己心裡反而生起了喜憂參雜的情緒！喜的是總算看到可以轉化人心的生命經驗得以呈現在讀者面前，自己也有機會將衷心的感謝化為文字；不過，憂的是自己是否能詳盡的就其書中所欲表達的願景，得其宜的進行應有的推薦作業？隨即憶念到〈文言傳〉「或躍在淵，自試也。」與「或躍在淵，乾道乃革。」的叮嚀：試試看，寫了、做了才知道真實結果會如何！

在重新閱讀並隨篇做小筆記的綜合整理後，了解到本書匯集了諸多婚姻關係所衍生的各種變故情況，與排解變故所引發的糾結與情緒的湧動，也深切覺察到作者所欲傳達的訊息：即便案件告一段落了，但人生依舊是未完待續！

其實，婚姻，起於彼此的意願，成於兩造共同的行動，終於一個大家都認為最妥適安排的「一家人」裡；然後，在「終則有始」的理序中，啟動了一個全新的開始。人世間，一切關係的建構過程，亦等同於「一家人」的確立模式，只是親密度有別罷了。

於理而言，既然是全新的開始，新婚夫妻雙方都當理解彼此的差異性、彼此都有一顆瞬息萬變的心，與變化永遠都在的道理，同時一起討論在極親近的彼此接觸中，因為種種背景的差異所可能產生的磨擦和衝突，以及面對狀況時應該有的態度與回應模式，好架構良善對話與更細緻互動的機制。《易經》在開天闢地後屯卦〈象傳〉就作出了非常適切的提醒：「雲雷，屯。君子以經綸。」意謂：全新的開始，是一個需要投注心力以蘊蓄美善未來的起始時刻，因此當懷抱如治絲般的細緻心思與行動，經營彼此的關係與這個家。

對於我而言，若針對前段文字所言深自檢視，那真的是事後諸葛，或有感而發的肺腑之言！因為，我的婚姻生活，也常出現意見相左時的磨擦和衝突。但是，由於彼此對於維繫這個家和「交相愛」的心志與行動都不變，一切過程反倒變成彼此學習諒解、忍辱、培育共同興趣與一起成長的契機！

前段文字之所以會用「『交相愛』的心志與行動」描繪彼此在婚姻中互動的情況，那是因為在一次次推廣與解說《易經》的過程裡，《易經》家人卦初九與九五爻〈象傳〉已經在相應於家庭生活歷程的覺知裡，深深地印刻在心中，並內化與外顯為行動的基本底蘊。細細地思索後，倒覺得家人卦初九與九五爻〈象傳〉「閑有家，志未變也。」與「王假有家，交相愛也。」二者與教堂裡牧師或神父於引領新人相互承諾的過程是相應的；只可惜它往往也因為被認定只是過程或儀式而受到輕忽、甚至被遺忘了！遂造成在婚姻的種種磨擦和衝突裡，無法回歸相互的承諾並進行應有的自省與調整，終導致婚姻或彼此關係不得不在律師的協助，以及經由法院來裁定其結果。那麼，法院見的狀況是否能避免呢？

當達賴喇嘛被問起：離開西藏五、六十年的時間，如何調御自己的心，讓心維持在平衡平靜的狀態？他總是引用寂天菩薩於《入菩薩行》「若事尚可為，云何不歡喜？若已不濟事，憂惱有何益！」作為說明；自己也嘗試在遭逢狀況時刻意在心中生起這段文字，想不到也創生了平伏己心的效益。當然，《易經》家人卦的卦辭「家人，利女貞。」（「女」做「汝」解），意謂：家中的每一分子，應該都要以「如其分、得其宜、合於時的行動，共同創生不害、利己又利他的結果」——貞，則自然產生「閑有家」與「交相愛」——為保護家人、維繫家和萬事與境界而一起同心努力；事實上，這也是「一家人」的最佳行動！於此祝願人人都能以慈愛及智慧之眼看自己和家人，人人都得享平安喜樂！

●本文作者為《易經》推廣講師與說書人

自序

為她們做些什麼

從小喜愛閱讀，中學時一面苦讀準備入學考試，一面熬夜看小說，以為大學可以如願進入文學院就讀，最終難辭父母的期待，選填法律系作為第一志願。大一、大二在極端不適應杜鵑花城的自由開放學風中度過，每年暑假都渴望轉系，但終究因為膽識過低、叛逆不足、親情招喚，仍然留在法律系。

走在椰林大道上，我曾多次細細尋思自己是不是真的熱愛法律？在大三之前，答案一直是否定的。上了大三開始修習法律實務課程，漸漸發現法律條文背後的價值與倫理，以及法規體系的邏輯秩序，加上師長們有系統的引導啟發，激盪出內心深處對於公平正義的追求，於是大學畢業後，繼續念法律研究所，甚至萌生前往大陸法系的故鄉——德國深造的念頭，不過，母親叨念一句：念完博士妳就嫁不出去了，打消我所有的留學夢。

法研所畢業後認真準備國考取得律師資格，開始執業。當時跟著一位卸任法官辦案，民、刑事各種案件都接辦，舉凡刑事殺人、放火、貪汙、詐欺、醫療糾紛、車禍案件，或民事合建、拆屋還地、股權移轉、侵權賠償、離婚、親子監護事件皆需涉獵承辦。數年後自己開業，進入忙碌紛擾，家庭工作蠟燭兩頭燒的日子，經常奔馳在各個法院、看守所、調解庭、刑案現場、會議室之中，周旋於當事人、法官、檢察官、對造律師之間，社會閱歷不斷累積，法學知識逐漸提升，人脈關係加速形成，相對地身心健康、休閒娛樂與家人親密關係消耗許多，心裡長期承受沉重的負荷。

近年來決定緩下工作步調，減少接案，回歸傳統經典，尋找生命的意義、天道運行的規律，以及正義的真諦。藉由中國傳統哲學思想與佛法修行，細細療癒滋養，同時回首前塵往事，省思在執業過程中，曾經的傷害——別人造成的，或自己給別人，將過往的案例沉澱反芻，透過文字自我對話，經年累月的心靈洗滌工程，逐漸獲得平靜自在。

投入法律領域近三十年，承辦各式訴訟案件，其中以婚姻家事案件最為傷神費心，經常必須陪伴當事人走過生命幽谷。在起伏震盪的案情發展中，或聆聽當事人傾訴，或參與離婚談判，或代理出庭辯論，常常面臨揪心的時刻，陪著她（他）們哭一段、笑一回、心碎一陣、氣憤一場……。無論自己多麼難熬，仍需冷靜理性地以法律專業知識協助她（他）們截斷或修復親密關係，幸運的時候，可以擺脫椎心痛苦，展開人生新頁；然而在當事人無法解脫、放下，長期糾結在無盡的傷痛中，我也只能收拾心底的滄桑，在遠方默默祝福。

承辦家事案件最令人傷神痛楚，因此已多年不再接觸婚姻訴訟或接受法律諮詢，但是過往一張張憂懼迷惘的臉龐，常在午夜夢迴縈繞心底，特別是深情忠貞的元配、苦守傳統三從四德的媳婦、窺見父親偷情的女兒、白髮蒼蒼的深閨怨婦、遍體鱗傷的陸配……，心裡總繫念著能為她們做些什麼？近年來日漸體悟必須給予法律知識與生命態度，才能幫助她們突破情關，學習保護、善待自己。於是重新架構改寫案例情節，置入法律的分析，困境的探索，希望以虛構改編的故事，傳遞專業知識經驗與溫暖的關懷，祈願受苦的有情人傷痛減少，情分變濃，福分增加。

二〇一八・十・二十五

元配何去何從

外遇風波常讓委屈驚愕的妻子六神無主、無所適從，周遭的親友此時會著急地給意見、出主意，她也是在好友的堅持陪同下，來到我辦公室諮詢婚姻的法律問題。

討論過程中，她始終淡定平和，沒有一般婚外情事件中元配的呼天搶地、怨罵不休，只是平淡地敘述：

「我們結婚十年了，當初嫁給他時，他還沒成名，只是傳播製作公司的小助理，這幾年成了偶像劇一線演員，居然出軌了！對方是上一齣戲——《離開你，我怎麼辦？》的女主角，兩個人戲外常常一起討論對戲，那時有朋友提醒我，他們好像在搞曖昧，我想怎麼可能？他的錢都是我在管，他又那麼愛孩子，不會往外發展的！」

現代社會夫妻情侶間感情脆弱，人生不同階段常需不同的人相伴，無關對錯，只論需求，往昔一路走來始終如一的愛情信念似乎隨風飄逝。更何況演藝圈，人生如戲，戲如人生，台上演別人的戲，下了台假戲真作，難以抗拒，難道有個演員丈夫，她還不懂現實人生與舞台戲劇，只是一線之隔？

讀著她淡定神情下的憂傷——她真的不懂！

她繼續說出心碎的故事：

「農曆年前無意中看到他手機LINE的訊息，是對方寫給他的，才知道他真的陷進去了，我當著公婆的面，逼他打電話給對方，發誓斷絕往來，他照做，還把電話給我聽，對方在話筒的另一端也含淚答應了。」

好個快刀斬亂麻，又有長輩見證，應該結束這段風流韻事了吧！

她的眸子愈來愈黯淡，顯然故事還沒畫上句點：

「情人節丈夫為了彌補心中的內疚，特地帶我去關島二度蜜月，沒想到他們還有聯絡，這次簡訊傳得更密集、更火熱，旅程還沒走完全部行程，我們倆大吵一架，我就打包回國，他趕在下一梯班機也返台，可是走出了機場，他沒回家，說是要搬回父母家住，兩人分開冷靜一下。」

聽了心頭一驚，急忙打斷，問她：「妳答應了？」

她點點頭，幽幽地解釋：「不然怎麼辦呢？總比看著他天天在家頻傳簡訊，心不在焉的好！」

女人心灰意冷之後，只想逃避，不要看到負心漢就好，可是也因而喪失很多夫妻溝通或談判的籌碼。

「後來他要求我不要再管他的財務，讓他獨立，放他自由。」她補上最近的進度。

我聽了愈發擔憂，又問：「妳也答應了？」

有些婚姻中的笨女人事情發生後，一一棄守，等到來找我們律師時已經手無寸鐵，進退失據，只能任人宰割，眼前這位美麗聰慧的元配該不會也舉白旗了吧？……

「律師，我還沒答應他，這就是我來找妳的原因，想要請問妳，這種狀況下，如何保障我跟孩子的經濟基礎？我還沒決定是分是合，不過如果分手，以他愛玩的個性，及電視台拍戲的工作方式，他是沒辦法照顧孩子的，我得想辦法保住財務，免得之後母子生活成了問題。」身為母親總還保有一份清醒，知道要顧及孩子生活教育費的現實問題。

「妳還是持續掌管經濟大權吧！如此一來進可攻，退可守，如果婚外情的對象看上他的財富，妳切斷奧援，也許他回頭的機率較高；萬一小三愛人不愛錢，想要爭取名分，逼妳先生離婚，至少妳還有財務掌控權當作籌碼，多少會影響分手的決定，屆時家裡資產握在妳手裡，妳一聲令下，不給妳先生任何資糧，說不定先生因而打消離婚的念頭。不過，前提是妳還想挽回婚姻。」提供建議後，還是回歸問題的根本，在這種情勢多變的婚姻危機中，律師不能引導當事人走上分手的路，只能先建議保住經濟地位，否則人財兩失常是元配黯然退出的肇因。

「可是，如果他逼我離婚呢？我聽說他至少可以要求一半的財產，登記在我名下的兩棟房子是否會不保？」顯然她也盤算過財產的分配問題，這樣的法律諮詢會更快進入狀況。

「房子有貸款嗎？如果真的進入離婚的剩餘財產分配程序，房子現值扣除貸款及其他債務，必須一人一半。」立刻分析法律規定，讓她明白如何提早保護自己的權益，同時建議設置子女教育基金，或者將房屋分階段以贈與方式過戶到孩子名下。

「那麼律師，如果離婚，孩子會歸我嗎？」她迅速進入第二個議題。

通常元配遭遇丈夫出軌的情傷，對於丈夫的進退動向沒有把握時，來諮詢律師，重點就在於財產與孩子的監護權，於是我將保有子女監護權的法律專業意見，熟練地分析說明，甚至將日後談判的籌碼及蒐證方式詳細列舉，長篇大論之餘，卻發現她不再專注傾聽，我及時打住，問著恍神的她：「怎麼了，妳有想到什麼事嗎？」

「律師，妳說了很多方法，我不知道是不是做得到？夫妻一場，要走到這個地步，真的讓我很掙扎，上禮拜我弟弟寄一些佛法的書給我，叫我要『放下』，那我還要做這些蒐證的動作嗎？」她的眼睛透露一絲哀怨與疑惑。

唉！看得出來她對丈夫依然有情分，可是這個負心忘義的丈夫呢？在另一個女人的懷裡時，還顧念夫妻的情義嗎？有時律師提出太多的具體建議及策略，似乎只讓當事人感到「機關算盡、工於心計」，可是保障法律權益，從來與道德、倫常不能放在同一水平上評估測量。

何況談佛法之前，不是要先從世間法實踐起嗎？畢竟我們都還生活在紅塵俗世啊！「放下」之前也要先經歷「面對它」→「處理它」→「接受它」的階段，最後才能放下；如果還沒處理，就急著放下，那麼一堆爛攤子誰來收拾？家裡的經濟問題、嗷嗷待哺的孩子、自己的心靈傷痕……，怎生處置？如果現實問題沒料理妥當，日後衍生更多的心靈傷口，如何撫平善後？

看起來眼前這位脆弱迷惘的妻子還不想真正處理婚姻的痛處……。

此時多言無益，當事人的夫妻緣分與因果，有時也非法律介入可以改變或轉變，她的心情還無法接受以法律方式處理夫妻問題，我的熱心反而變成她的壓力，於是當下做了結論，叮嚀她保重身體，好好照顧小孩，起身送走了她，望著她單薄的身影，希望上天保佑她的婚姻！

婚姻中，當他不想再凝望妳，不想再擁抱妳，甚至晚上是待在另一個女人的床上……。此際，是要挽回婚姻纏鬥到底，抑或退出、放下？

當丈夫愛上另一個男人時

當事人是知名投信公司的總經理，在台北金融投信業「喊水會結凍」，投資手法快狠準，管理公司的手腕靈活，董事會賦予重任，VIP客戶寄予厚望，幾年前結婚，郎才女貌，羨煞業界。當朋友介紹她來所諮詢時，我非常驚訝，因為通常投信公司發生法律問題一定先找大型律師事務所，我事務所的規模在台北市連小型事務所都還排不上，頂多列入「迷你型事務所」，怎麼找上門呢？

朋友在電話那一端聽出我的疑惑，語帶保留地回應：「是總經理個人的事，她指定要女律師，而且要擅長處理家事案件，口風又要緊，她的特助查過好幾個家事專業律師雖然經驗豐富，可是愛在媒體曝光，他們不敢找這些律師，剛好特助是我太太的姊妹淘，他們上次對妳承辦一件豪門私生女的官司印象深刻，向我打聽妳的為人與作風，我透露這二十年來妳接辦很多政治名人或娛樂圈明星的案子，除非社會矚目，鬧得沸沸揚揚，媒體採訪不得不應付，否則妳是絕口不提，全面封鎖新聞，他們聽了很安心，想要約妳的時間。」

朋友畢竟知我甚深，了解我的執業風格，過往曾因一些名人案件守口如瓶，得罪一些媒體朋友，可是保護當事人隱私是律師的天職，何況每一個案件背後都有一段不堪的故事、破碎的心，何忍相告！

見面當天，總經理隻身前來，雪紡紗的長裙飄逸柔媚，娟秀細緻的臉龐，薄施胭脂之下看得出淡淡的憂傷，現代都會的「女強人」已經不再是傳統刻板印象的強悍外表、幹練套裝的職場主管，面前的女企業家秀麗溫柔，平和地描述她遭遇的故事。

幾年前她與丈夫在一家法人投資交易中結識，相知相惜，一年後步上紅毯，婚姻生活甜蜜，可是丈夫與她少有閨房親密關係，她以為是工作壓力大，小倆口經常各自出差，聚少離多，作息不一所致，從未懷疑丈夫的性別傾向。

直到有一天夜裡，氣氛旖旎，期待生兒育女的她上了床，倚偎丈夫身旁撒嬌，丈夫卻翻身背對，再度拒絕行房，她傷心失落之餘，到書房翻書解悶，無意中在抽屜發現幾片光碟，反正也失眠，索性放映欣賞，沒想到裡面均是同志交歡的A片，而其中包裝精緻的一片光碟居然有丈夫與另一男性的燕好影像，雖然燈光昏暗，可是她認出丈夫身上的特徵。

發現了這個祕密，長期的疑惑解開了，可是心也碎了，她不知道接下來怎麼辦？

問她發現多久了，她面無表情地答：「兩個多禮拜了，因為上週公司在處理金融風暴的風險管理機制，所以拖了幾天才來找妳。」

數十年的職場風雨、危機處理，已經練就她凡事鎮定冷靜以對，否則公私煎熬，怎堪得一個「愁」字了得！

「我想這段時間妳心裡一定很不好受，打算如何處理你們之間的關係？」

我必須先了解她的決定與需求，才能提供合適的法律意見，有些律師聽到這些故事，劈頭就分析離婚的規定，甚至財產分配、婚姻詐欺的問題，會讓六神無主的當事人彷彿在汪洋中抓到浮木，似乎見到隧道的出口！可是這些提議是不是最適合當下當事人的人生選項，其實沒人說得準，恐怕連上帝都還不知道往下劇情如何安排，我們律師何敢引導當事人決定人生方向？

她聽了我的提問，沉默許久……。

心理學上分析創傷後症候群，會經歷幾個階段：震驚及否認→逃避→憤怒→意圖討價還價／扭轉現實→抑鬱絕望→接受現實。通常當事人遭遇創傷衍生為法律問題，可能在第一階段，或第三，或第六階段尋求律師的協助，如果一直待到第六階段才處理，我們比較能就事論事，減少情緒的干擾；可是倘使落在第一或第三階段，律師就可能在症候群的發展歷程中，必須陪伴當事人尋找解決方案，較為辛苦。倘若處理不當，可能當事人選擇逃避（畏罪潛逃）或憤而另覓黑道介入協助，甚至抑鬱生病自殺，都會使得案件更形複雜。

眼前這位美麗多金的總經理，感覺上已度過憤怒的階段，也明知無法改變現狀回到從前，雖然情緒上有抑鬱的傾向，但多年的職場經驗及對人生正向的信念，促使她走向第六個階段，接受丈夫的既有狀況，企求謀取全身而退的解決方案。

「我想離婚，但是不希望財產分一半給他，結婚這幾年耽誤我的青春，導致我無法如願生育子女，現在發生這種事，大家好聚好散，互不相欠！」她平和地說出決定。看來她已經沉澱多時，而且理出思路方向了。

「我建議妳好好與先生溝通，儘量採取協議離婚的方式解決彼此的問題，反正你們沒有小孩，財產登記也都明確，離婚條件應該很單純，雙方談妥後，簽署離婚協議書，再到戶政機關辦理登記就生效了。」我把法定程序說明清楚。

「律師，這些我都了解，我擔心的是萬一他不同意離婚，或是獅子大開口怎麼辦？」原來她諮詢的重點在這裡。

「這是很有可能的，有些『同志』藉著婚姻的名義避開『出櫃』的社會壓力，或以離婚為勒索財產的籌碼。如果真的發生這種情形，而妳又不願意花錢消災，就只好走上『裁判離婚』的路了，不過裁判離婚要等法院三級三審判決定讞，曠日廢時，勞民傷財，可能拖上三、五年，而且以妳在業界的知名度，一旦公開審判，嗜血媒體的報導可能會是妳另一個困擾。」通常要進入訴訟程序，我一定先把所有可能的問題及二度傷害先挑明著講，免得日後夫妻對簿公堂，當事人措手不及，滋生更多遺憾！

「如果用訴訟的方式離婚，我有勝算嗎？」顯然她已無暇顧慮其他後遺症，只希望得知「裁判離婚」可否真正解決她的問題。

「應該離得成，雖然對方是同性戀，如果發生在九十六年民法修正前，並不符合民法第一千零五十二條第一項離婚的十項法定事由（重婚、通姦、不堪同居之虐待等），但可依據第二項：『有前項以外之重大事由，難以維持婚姻者，夫妻之一方得訴請離婚。』如果是發生在九十六年修正後可直接依第一千零五十二條第一項第二款規定：『夫妻之一方與配偶以外之人合意性交』，請求法院判決離婚。」她似乎比較寬心了。

我附帶解釋她方才特別提到財產處理的疑問，「至於這種情形對方除了依民法第一百九十五條規定賠償妳貞操權被不法侵害的精神損失外，關於妳的財產，倘使你們有約定財產處理方式，對方是不可以向你要求剩餘財產的分配；不過如果是採法定財產制，他依然可以要求分配你們的剩餘財產。」當事人聽了有些不解與不平，這種情況再讓對方分配自己的財產，情何以堪？

可是法律無法面面俱到，面對既有的制度，我們律師也只能依規定分析說明，倒是民法排除分配的規定，應該可以稍稍讓她釋懷，於是再往下分析：「剩餘財產分配之前，妳可以先扣除債務及慰撫金，而且倘若依法律的規定，平均分配顯失公平的話，妳還可以請求法官調整或免除對方分配額。」

她點頭表示聽懂了，起身致謝後表示：「我回去再想想，決定了再請妳繼續協助。」離開時她的腳步依舊沉重，但神情似乎已不再迷惘……。

當妳發現摯愛的丈夫愛上了另一個人，而且那一個人是男性，無論盡多大的努力，妳都無法改變丈夫的心、挽回彼此的感情時，怎麼辦？——放棄或繼續？放棄——捨不得；繼續——不甘願！

此時，請傾聽內心的聲音，問問自己渴想的婚姻圖像，試著尋找幸福的方向。

佛門難清家務事

上午一進辦公室，電腦螢幕跳出正在審閱中的新加坡演唱會合約，立刻為今日緊湊的行程拉開序幕，預計十點要將這份演唱會合約修訂版電子檔寄給新加坡經紀公司，他們趕著下午要與演唱會主辦單位簽約，昨天下班時演唱會的藝人還來電叮嚀再修改三個條文，總算不負所託，大功告成；接著十點半要與訴訟案件當事人電話會議，三方通話，評估是否提出銀行匯款水單作為提告銀行違約的證物，要先分析利弊得失；中午已約好拜訪長輩共進午餐，請教關於網站線上經典教學的計畫，下午到地方法院開庭後，回到事務所與幾位當事人討論電子科技公司與創投事業合作專案，看來今天的行程是擠不下任何事情了。

沒想到日子愈忙愈多意外，中午赴約途中，在車上接到電話，說是朋友介紹家事案件，希望向資深幹練的女律師諮詢法律問題。當事人的祕書先來電探詢接案的意願，我立即明確地回絕：「十年前我確實接辦很多家事案件，可是太傷神了，這幾年我很少接了。」

家事案件常常要陪著當事人，捧著破碎的心，含著淚水，穿過人生的心靈幽徑，有時困在夫妻爭吵荊棘中難以脫身，有時陷在親子關係泥淖中無法抽離，就這樣陪伴他（她）哭一陣、笑一回、苦一段、愁一時。後來就決定儘量少接家事案件，免得能量耗盡，還見不到隧道出口的光亮。

可是這位祕書忠心耿耿再三懇求，還說他的老闆事業忙碌，只有今晚八點有空，央請我到公司做法律諮詢。真的很想拒絕，因為剛升上國三的小女兒明天學校舉行第一次段考，我得陪伴她複習功課，於是說出一小時八千元的法律諮詢費，看看能否讓對方知難而退，孰料她立刻回答沒問題，這下自己倒騎虎難下了，看在祕書婉言央求的情分上，勉為其難答應了。

晚上正要出發，祕書又來電，說老闆有事耽擱，延後一小時。心裡直嘀咕，又好奇到底是怎樣的老闆如此忙碌，指定了律師，又更改時間。九點鐘依約出現在對方指定的茶坊，雅緻安靜，祕書在門口等候，引領入內，才知道當事人是兩岸知名的佛學宗師參加法會無法趕過來，改由長期追隨的親信大弟子三名與我討論案情。

他們都是在家居士，談吐不俗、思路清晰，聽說追隨這位宗師已逾二十年，平日服侍供養老師及師母，半年前師母突然攜子離家出走，音訊杳然，帶走老師所有資產房地契現金，近日接獲法院通知，才獲悉師母訴請裁判離婚。老師閱畢起訴狀，震驚不已，難以置信，寢食難安，所有教學演講弘法活動喊停，竟日消沉，足不出戶。

一代宗師遭逢家變，仍難突破情關，放下一切。

向三位弟子詳細解釋婚姻訴訟的所有程序，又根據師母委託律師撰寫的起訴狀，深入分析離婚案法官心證的形成及證據的掌握度。這些弟子護師心切，咸認師母不可能出此狠招，應該是受律師慫恿、損友蠱惑……。

我決定直言指出他們的迷思：「律師為了賺錢有可能慫恿當事人提告，可是訴狀撰擬的內容、背景事實的鋪陳、證據的提出，還是需要當事人首肯，你們看到的一切都反映師母的心聲，只是老師跟你們不願意承認這個事實而已。我的工作就是讓你們清楚明白原告的立場與訴訟上的主張，請你們暫時拋開佛法的教義與對人性高標準的要求，正視老師與師母結婚二十年來累積的恩怨情仇，包括師母平日的壓抑與壓力，以及這半年來她醒悟後，追求自由的決心與勇氣，如果老師要挽回師母的心，修復雙方破碎解體的關係，必須重新看待彼此的親密關係，尊重對方是獨立的個體，允讓對方擁有自由的空間與自主的生命決定權。」

他們聽了，面面相覷，陷入沉思，似乎無法接受從世間法的觀點來檢視長期被神格化的師父，於是我攤開起訴狀，逐一分析原告（師母）的離婚理由，包括驗傷單、錄音譯文、照片，讓他們看到老師如同凡夫俗子七情六慾的一面。

我再叮嚀：「世間事要用世間法解決，進了法庭，一切回到有為法的世界，請老師思索婚姻結合的初發心，回到妻子之所以成為妻子，丈夫之所以成為丈夫的原點，就會找到夫妻復合的答案。」

告辭時已是子夜，回到家裡，女兒還在書桌前複習功課，走過去摸摸她的頭，喚她早點休息，感受到家人相守的平凡幸福，也在心中禱念，希望這一對佛門居士夫妻能通過層層魔考，完成人生功課，傳播佛法之前能先度自己的苦厄呢！

照見五蘊皆空，度一切苦厄，是佛門弟子謹守的法義，然而塵世俗緣，仍令人剪不斷，理還亂。

變調的多角戀情

——辯護通姦案

正在電影院欣賞今年的奧斯卡金像獎最佳影片——《亞果出任務》（*Argo*）時，手機震動了，奇怪！孩子們都跟著我來看電影了，還有誰會在週末晚上來電，一看號碼顯示投資公司的葉老闆打來，十多年的老朋友一定有急事才會在這時找上門。

「沈律師，有個緊急的案子要拜託妳處理，雙方當事人妳都認識，我不曉得妳要接哪一邊？」他每次打來都沒好事，而且有話直說，坦率急促到有時令人快要腦充血！

電影正播到最緊張的時刻，美國六個人質千鈞一髮剛衝上飛機，伊朗軍方突破機場警戒線死命追趕。

沒等我回話，他急著又說：「男方是我的至交好友，可是他這次真的很該死！劈腿好幾個女生，其中一個還被他老婆錄音存證，這個可憐又愚蠢的女孩居然是我以前公司的主管，我的麻吉壓不下元配的反彈，現在元配同時要告這幾個小三，明天要開記者會，我們正在盡全力阻止，剛剛媒體已經在追這條新聞，說是凌晨兩點前要女方的採訪稿，作成平衡報導，妳可以現在趕過來我公司開會嗎？」他焦灼又急促的聲音讓我根本找不到縫隙說「不」，邊聽邊望向電影銀幕，載著六名人質的飛機緩緩升空，把追捕人質的伊朗軍方漸漸拋至遠方，美國ＦＢＩ總部響起一片歡呼聲，我卻沒有鬆一口氣的感覺，週末深夜十一點通知律師緊急開會，真是不人道！

可是多年來，從來沒拒絕過這位已成好友的當事人，這次也沒理由回絕，只確認一個重點：「你要我幫哪一邊辯護？男方或女方？」好友嘆了一口氣，顯然他也很為難：「女方吧！男的負了她，又發神經向老婆懺悔，搞得大家雞犬不寧，我雖然從小跟他穿一條褲子長大的，這下如果還幫他，我豈不成了豬八戒？妳趕快過來啊！女生已在我這裡哭三個小時了。」

匆匆交代念高一的兒子帶兩個妹妹搭捷運回家，看看身上的牛仔褲、夾腳拖，沒空再回家更衣了，我跳上一部計程車就飆過去了。

走入會議室，杯盤狼藉、煙霧瀰漫，好友看到我進門，又點上一根菸，緩和焦躁的心情，一旁坐著一位清秀素顏的女子，她吸了吸鼻子，一開口說話就認出她來，嗓音低沉有磁性，幾年前好友任職的前一家創投公司處理海外公司併購的合約談判，她代表公司是主談人之一，長袖善舞、反應敏銳，當時多虧她周旋於雙方，軟硬兼施，數千萬元人民幣的併購案短短半年就拍板定案，對於她的談判長才印象深刻，與今日的淚人兒不可同日而語。

一旁好友眉頭深鎖中說出男主角的名字，我聽了驚呼連連：「怎麼會是他！上次你們兩個人合作一系列數位行銷活動，叫好又叫座，我也參加一場座談會，他代表手機公司主持得非常成功，怎會發生這種事？……」好友無奈地攤了攤雙手，示意讓「苦主」自己說故事，我再轉向長髮掩住半邊臉的女子，她已止住淚水，談起了案情，在我的引導下，漸漸理出頭緒。

原來去年她剛好股市失利虧損慘重，又結束一段長達五年的戀情，這位舊日情人適時出現，互相撫慰取暖，她只知道他有個長年分分合合的同居女友，適巧兩人吵架，他搬到短租套房居住，女孩與他舊情復燃，在疏離的城市，沉重的工作壓力下，兩人濃情蜜意迅速加溫，只是男方經常出差，無法聯繫，她忙於工作，不以為忤，沒想到男生桃花朵朵、處處留情，欠了一堆風流債。

去年深秋赴日賞楓，兩人計畫跨年飛到紐約時代廣場迎接新年，不料聖誕夜男生音訊杳然，宛若人間蒸發，一氣之下她發簡訊宣告分手，也是不讀不回。半年後正在參加世貿商展時，接到男生的電話，才知道男生早已結婚了，男方來電的目的，是要求女孩在電話中向話筒這一端站在旁邊的妻子道歉！

「啊！道歉？為什麼要妳跟他太太道歉？捅出婁子的人是他呀！他算不算男人啊？」聽到這裡我已經按捺不住，一股怒氣衝上來，真想賞給這個沒用的男人幾個耳光！

「是啊！聽到他有太太，頓時青天霹靂，居然還叫我道歉，簡直是……，可是我當下不曉得該怎麼辦，情緒瀕臨失控，幾乎歇斯底里，邊哭邊講很多話，沒想到他們都錄下來了，說我不道歉，就要拿這個錄音帶告我……」她又開始抽搐掉淚。

噢！講到案情重點了，職業性的敏感立即出現，趕忙追問：「妳在那通電話說了什麼？有沒有提到妳根本不知道他已婚的身分？多久的事？有沒有超過三個月？」

心中快速整理盤算著，如果對方元配告她妨害家庭，丈夫已經承認通姦事實，在犯罪構成要件上要爭取無罪，只能從不具備犯意著手，亦即證明女方不知道男方是已婚之人，只是那通電話中不曉得是否被設了圈套，或錄音被剪接，呈現不利的對話……，趕緊詢問通話時間距今是否已超過電信公司保存通聯紀錄的三個月期限。

她連忙算了一下，剛好超過中華電信通聯保存期限一個禮拜，顯然查不到通聯紀錄，也要不到通話的內容了。唉！當事人常常在天時、地利、人和都欠缺的狀況下來尋求律師協助，企求我們要在呼天不應、叫地不靈的困境中殺出一條血路。

案情了解後，先訂出訴訟策略：不認罪、不和解、不賠償。再商議如何應付媒體，建議女方一概回答：「本案已進入司法程序，偵查不公開，歉難回應，如有法律上的詢問，請聯繫我的律師。」這時的她六神無主，有人幫她解圍，想出因應對策，就照單全收了。

本來「媒體公關」的工作不在我們律師提供的法律服務範圍內，可是這幾年嗜血媒體愈來愈多，當事人根本招架不了，萬一採訪時疏忽說錯話或被媒體套了話，上了法庭根本百口莫辯，律師只好也接下這個吃力不討好的工作！

何況這個案子男方在金融界叱吒風雲，又是國內電信企業家第二代，長相俊俏，風流倜儻，常被媒體新聞界鎖定，這次又爆發多角戀情，恐怕明天躍居社會版頭條新聞，檢視目前當事人的精神狀態，顯然無法應付明天接踵而至的平面或電子媒體，幸好投資公司老闆夠力，我們討論案情的同時，他一通通電話打個不停，終於直達媒體高層，暫時壓下明天頭版頭條的新聞，不過對方要開記者會，已經傳得沸沸揚揚，今晚回家得好好養足精神，明天有場硬仗要打了。

翌日在星巴克吃早餐，桌上攤開多份當天報紙，有一家報紙依然把這個勁爆的消息列為社會版頭版頭條，標題聳動，看來我的好友被耍了，另外幾家雖然跟進，但只占了小小版面，不過報導內容用詞遣字也是夠嗆的了。

讀了報紙才知道男方的妻子多年不孕，經過無數次的試管嬰兒手術，仍不幸流產住院，聽聞丈夫在外遍採野花，而自己卻身心疲憊地困在醫院，憤而找徵信社偷偷在丈夫座車裝GPS循線抓姦，第三天即在花蓮海邊的Motel現場抓到，當場夫妻談判。在刑案追訴及離婚的壓力下，丈夫下跪向元配認錯，立刻簽署切結書，懺悔切結不再續談婚外情，以挽回婚姻，沒想到妻子宣告坦白從寬之後，一拿到切結書，看到上面一個個女性名字，激動悲憤不已，衝去找律師，發現要追究刑事責任證據不足，回家軟硬兼施，要脅丈夫打電話設定問題進行錄音，於是才有那通持續一個多小時的電話。

什麼男人嘛！個人造業個人擔，為什麼要牽扯到新歡舊愛？特別是我方當事人，早已表明分手，從此分道揚鑣。為何退出情場，還要忍受妻子的折騰，為不負責的男人背負風流債？妻子住院療養誠屬悲慘，可是丈夫供出所有實情，能夠緩解病情嗎？抑或反而導致身體惡化？這些小三的認錯道歉能縫補妻子破碎的心嗎？男人在無法承擔時，為何總要牽累無辜又無奈的女人出來頂罪呢？

種種疑惑，還來不及找到答案，好友來電，轉告昨晚由於元配臨時引發感染發燒，取消記者會。大概天意要我們專注在官司上，莫受媒體干擾，免得案情更複雜，三天後，當事人就收到法院開庭的傳票了。趕緊約了當事人來事務所討論案情，一週來的媒體報導衝擊與檢察官起訴的委屈，她明顯地消瘦，未施脂粉的素顏，增添一絲絲楚楚可憐的神態。

這回的碰面，已無淚水與激動的情緒，她再次強調交往期間不知道男方的已婚身分，到了分手後接到那通莫名其妙的電話，對方才自承已有妻室，更確認她當初分手的決定是明智的。

會議桌上氣氛凝重，我分析著法庭的訴訟程序，同時進行問答的模擬演練，冷靜聰慧如她，立即掌握重點，結束會議時，我們正要約定明日在法院碰面的時間，她點開iPhone的Gmail行事曆，突然一個畫面跳出來，她的神情變得很詭異，我問：「怎麼啦？」她說：「以前跟他出國的合照，臉書自動製作短片……」「趕緊刪了吧！怎麼還留在臉書裡呢，萬一他太太搜證找到，提到法院，不是對妳更不利。」當愛已成往事，徒留痛苦的回憶折磨自己，甚至成為對方呈堂證供，何苦呢？看著她刪除相片，拍拍她的肩，請她先回家了，養足精神，準備應付明天的法庭戰吧！

翌日我早早到了法院，四處走走看看，發現媒體並未如傳聞地出現，可能是新聞熱潮已過，也可能記者未打聽到此次庭期，法庭門口放置的報到單也沒列元配的名字，原來法官這次只傳訊三名被告——告訴人的丈夫加上我的當事人，及另一位外遇對象，後來才知道第三位外遇對象是外國人，已搭機離境，不願捲入桃色風暴中。

輕吁了一口氣，適巧當事人施施然地走過來，帶領她報到後，先進法庭等候，讓她熟悉法庭擺設與氣氛。另一名女性被告（也算是苦主吧！）戴了墨鏡在律師陪同下走進法庭，法官準時入座宣布開庭，男方才匆匆進來，眼神完全未與另外二位女被告交會，只是定定地看著法官，木然地敘述他如何與這二位女被告結識，發生性關係，後來向妻子懺悔，希望透過這樣的訴訟，彌補傷害，挽救婚姻。

「交往期間你有告訴她們，你已經結婚了嗎？」法官提出關鍵問題。法庭中所有人的眼睛都望向這位曾經大享豔福的男人，等待他的回答，如果答案是肯定的，兩位女被告可能就很難掙脫通姦的罪名；如果答案是否定的，通姦罪不成立，他的妻子就可能吃上誣告的官司！

法庭中靜默一段時間，法官提醒他必須作答；面對他持續的沉默，法官又問：「你是否要行使緘默權？保持沉默，不作違背你意思的陳述？」

他終於開口了：「當初我跟她們在一起，她們都知道我已婚。」

「騙人！法官他說謊，他根本沒告訴我。」另一位被告立刻激動地表示。法官示意勿激動，讓書記官記明筆錄，這位負心漢居然語出咄咄地反問：「當初不是請妳幫我們代辦拉斯維加斯的婚禮，妳怎麼會不知道我結婚了？」

原來另一女被告是旅行社的合作廠商，專辦境外旅遊婚禮，被反嗆的她不甘示弱，破口大罵：「你們去沒三天就吵架回來了，我怎麼知道婚到底結成了沒?!後來約會時，你不是一直強調你單身，還跟我發誓你們分手了。」你一言，我一語，審判長連忙命令法警將他們隔開，勿再發言。

法官轉向問我當事人：「那妳呢？被告說妳知道他已婚，有何意見？」我的當事人淡淡地說：「他沒告訴我，我一直以為他單身。」從她的語調，忽然體會到「哀莫大於心死」的心境。

法官訊問三位被告後，檢察官逮到機會侃侃而談，強調兩位女被告的犯罪故意，我的當事人愈聽臉色愈沉，接下來換我發言了，決定出其不意使出撒手鐧，我向法官主張男方與其妻子的結婚無效，因為屬於境外婚姻，未向台灣戶政機關登記，因此他的妻子不具告訴之資格，不能指控妨害家庭的罪名！

檢察官沒想到有此一招，連忙翻閱卷宗，果真找不到他們夫妻任何婚姻登記的資料，男方也表示未在台灣註冊，但已在拉斯維加斯官方機構完成婚姻登記手續。法官要求他提出登記資料，我又補上一句：「縱使他們在境外已做婚姻登記，可是沒有公開儀式兩個以上的證人，依然是無效的婚姻。」男方沒料到我居然質疑這項事實，惱羞成怒，開始口不擇言，批評律師缺乏職業道德，我正要反擊，法官已經出來滅火，訓斥男方不得對律師進行人身攻擊，並且囑咐他提供婚禮舉行的資料及登記文件。

法官宣布退庭，交代那位丈夫，下次一起帶告訴人妻子出庭，看來下次庭期會更難熬了。

第二次開庭前我照例請當事人來事務所討論案情，了解我方可以傳訊哪些證人，反駁男方在法庭上一再強調女被告們知悉他已婚身分的說辭。當事人說了好幾個人選都不適合，後來決定請雙方共同的朋友出庭作證，證明男方在外皆以單身形象遊走社交圈，她才鬆了一口氣，接著提醒她翌日元配出庭可能會出現何種場景及法庭對話，她聽完，根本無心模擬演練，直接問我可否不出庭？

「不行！妳是刑案被告，一定要親自出庭，這不是民事案件，不能只委任律師代理出庭。」我明確地給答案。感覺得到要與元配同庭出現，對她是個莫大的壓力，可是碰上了這種混球男人，也只好硬著頭皮上陣了。

第二天開庭元配與小三們齊聚一堂，簡直把八點檔肥皂劇搬到法庭演出，而且前半段先上演偶像劇中浪漫綺麗的婚禮，男主角帶來VCR到法庭上播映，指出婚禮現場有當地市政府官員及樂隊見證。

我指著畫面，依舊砲火猛烈：「你如何證明這卷影帶是八年前你們在拉斯維加斯結婚時拍攝的？它的景色跟澳門差不多呀！站在你旁邊的男生如何證明是市政府的官員？如何證實就是在你們英文版結婚證書上簽名的見證人？一旁的樂隊怎麼知道你們在辦婚禮，說不定他們以為只是在拍廣告片，你們現場也沒有宣誓或致詞的儀式，也沒穿白紗、西裝，誰知道你們正在結婚？」

這下不只是男方火冒三丈，連今天第一次出現在法庭的元配也氣憤難當，立刻澄清：「當時樂隊演奏〈結婚進行曲〉，我們在市政府官員面前交換信物，戴上結婚戒指，律師妳是沒長眼睛嗎？」

這下偶像劇快要轉變成鬧劇了，連檢察官氣不過也加入戰局，只有兩位女被告呆立在一旁，不知為何法院開庭變成婚禮大作戰。

法官跳出來弭平戰火，指示檢方與辯方就結婚程序合法性的事實面及法律面具狀詳述，結束第一階段的法庭交鋒。

接著元配上演獨角戲，悲悽泣訴如何發現丈夫不忠，事情爆發後，丈夫如何下跪懺悔，她在醫院如何受到失去孩子內心的衝擊，以及被丈夫背叛的痛苦，請求法官將人神共憤的被告們繩之以法，接受國家法律的審判。

丈夫佇立妻子側邊，流露出時而不捨、時而懊悔的神情，看在另外兩名女被告眼裡，不知是何感受。接下來法官行禮如儀地問三位被告，對於妻子的陳述有何意見？丈夫立刻搖頭，表示妻子說的都是事實，他錯了。我的當事人依然淡淡地回答：「我不認識她，我不知道他們的婚姻關係。」

所有元配與小三對簿公堂的激烈戲碼與拉鋸角力，在我的當事人淡定回答的這一刻化為無形，是經過怎樣的暗夜心碎與了悟沉澱，今日情敵相見才會煙消雲散、情逝緣盡，只剩下世間法的收拾善後了。

陪著當事人走出法院，夕陽餘暉下，她揮手道別，背後身影拖得好長好長，不知道她心底的創傷是否也如斜陽身影陰暗深長？

後來又開了幾次庭，傳訊證人，調查證據，最後一次辯論，我把答辯的重點放在告訴人妻子婚姻不合法，及被告欠缺婚姻認識的犯罪故意上，辯論結束，坐下來的一瞬間，我看到丈夫眼角泛了淚光，而我的當事人第一次在法庭垂淚，或許是有感於我提出的結論：

「審判長，在漫長的審理過程中，相信您也觀察到，這個案子在感情上也許是一樁短暫而錯誤的結合，在交往中看到男方的不負責任與不願承擔，因而我的當事人選擇離開；但是在法律上，她是不能被非難的，因為從頭到尾她被蒙蔽了，男方不思真正解決婚姻中的問題，卻對外找尋無辜的第三者逃避藉以取暖，誰才是本案真正的受害者？不言自明！而妻子為了先生傳宗接代，寧可受盡試管手術的煎熬，固然令人同情，可是她容任丈夫逃避退縮，兩人都不願面對婚姻中的難題，卻把所有的過錯轉嫁到不知情的第三者身上，透過司法程序想要懲罰婚姻之外的第三者，不僅不公平，而且也挽救不了自己的婚姻，這場訴訟，縱使妻子打贏了，也輸掉了婚姻，輸掉生命中的一切，因為打開潘朵拉的盒子，揭發這一切的事實真相後，她看到的是丈夫的不負責任與欺騙；而不忠的丈夫看到的是，他傷了三個女人的心，在已然撕裂的婚姻中，如何原諒自己，重建家庭？懇請審判長讓法律回歸法律，感情回歸感情，而婚姻回歸婚姻；讓無辜的被告回復她的清白。」

一個月後，我們收到了法院再開辯論的通知書，當事人不解，「不是結案了嗎？為什麼又要開庭？是不是對方又提出什麼？」我也覺得詫異，電詢書記官，他說的不是很清楚，電話轉給法官助理，她才說明案情轉折與緣由：

「辯論那一天，被告走了之後，告訴人（妻子）留下來在法庭裡哭泣不已，情緒很不穩定，有點歇斯底里，一下子要法官判重刑，一下子又說要撤回，拜託法官改判離婚，合議庭的庭長很同情她，勸她回去想清楚婚姻的意義，通姦罪判了之後，對她的婚姻與人生有什麼影響？是不是判了這三位被告有罪，她才能與丈夫繼續過日子？還是可以與丈夫好好溝通，找到婚姻真正的癥結，與被告和解，撤回本件告訴。後來告訴人同意考慮和解，可是刑事訴訟法第二百三十八條第一項規定告訴乃論之罪，要撤回告訴，告訴人必須在第一審辯論終結前撤回，當天辯論程序已經結束，於是檢察官建議告訴人以案情不夠明朗，需另行聲請調查證據為由，請求法院再開辯論，所以我們才寄發這份開庭通知。」

法官助理解釋得清楚明白，可是我卻隱隱不安，擔心又有變數，追問：「那麼告訴人撤回了嗎？」法官助理似乎不太確定，只表示開庭當天法官會處理。

不料開庭真有戲劇性變化，妻子沒出庭，僅委託律師提呈撤回狀，庭務員把書狀繕本交給被告，我代為簽名表示收到繕本，習慣性地翻閱一下法官那份撤回狀正本，陡地發現多了一份附件，趕緊翻開來看，居然是離婚協議書，立刻給當事人看一眼，她驚異地怔了一下，適巧法官問道：「三位被告對告訴人撤回告訴，有何意見？」她搖搖頭，我回答無意見，望向站在被告席的男主角，難怪他今天形單影隻，顯得特別落寞，原來被判出局了，早知如此，還需要拖這麼多人下水嗎？

法官快速結案退庭，我與當事人走出法庭，到附近咖啡廳，正與她解釋法院後續的程序，她的手機響了，停頓三秒接起來，她說：「一切都過去了，我與你不再會有交集了。」沒等對方回應就掛斷電話，輕啜著卡布奇諾，她的臉上浮現了許久不見的笑意，我明瞭她已然揮別往事，準備重新出發了。

愛情的天地裡，多一個人嫌擁擠，少一個人卻孤單，《易經．損卦》說得好：「三人行則損一人，一人行則得其友」，然而兩人世界如果闖進好幾個第三者，元配情何以堪？各個小三又如何自處？當這些人在法庭齊聚一堂時，始作俑者的丈夫如何面對？

法庭中的鬧劇，塵俗的難題，有朝一日真相出現了，請勇敢地拒絕繼續配合荒唐的男主角演出，畢竟透過情愛性欲填補空虛的男人，永遠只是女人生命中的過客，他連自己要什麼都不明白，如何豐富圓滿妳的人生？

婚姻門裡門外

上週一位法官好友來電，說是某公益團體志工的妹妹遭逢婚姻不幸，想找專業人士幫忙，他的身分不便直接協助，要我給她法律諮詢意見。一般正直的法官不願介紹案件給律師，免得遭人物議，執業期間碰到幾次當事人找上門委託案件，只說是法院的法官介紹，因為法官開過我承辦案件的庭，了解我的辦案作風及態度，不過介紹的同時有交代當事人切勿透露法官的姓名；而我理解法官的顧慮，就不多問。這次介紹的法官是大學好友，相知甚深，才直言請託。

過兩天，這位當事人果真來電了，聽得出話筒另一端心情忐忑與諸多疑惑，她匆匆問道：「如果離婚，可否不管先生之前借開支票的財務糾紛？」

這種支票財務與婚姻關係攪和在一起的案子，電話裡是解釋不清楚的，建議她來辦公室討論，她猶豫地答：「我現在回到南部與娘家商量，可能過幾天北上再去請教您！」

原來無助的妻子被夫家逼出來避難，這時娘家就成了重要的依靠，既然人還在南部，只能請她保重，後續再聯絡！

婚姻案件是所有案件中變數最多的，今日夫妻吵架失和，明天可能重修舊好，也就不見得上門諮詢律師，過去有豐富的經驗，所以也沒再將這通電話放在心上。

一週後，正在辦公室趕訴狀，全神貫注時，這位少婦突然來電，說人已到台北，是否可以立刻到事務所請教？趕緊挪出會議時間，讓她討論過後，當天能再趕回南部照料幼女。

沒多久，滿臉愁容的少婦在姊姊陪同下出現了，坐定後，姊姊連珠砲地提出好幾個法律問題，帶著渴切的眼神，希望我立刻回答。當事人知道法律諮詢是以時間計費的，通常提問與律師作答之間當然希望把握時間迅速完成。不過多年的實務經驗告訴我，這種考試作答式的答案幫不上當事人什麼忙，因為還沒深入了解事實，律師的回答只是引用法條加以解釋，當事人聽了也不知如何運用。

還是要請當事者敘述背景事實：何時結婚、家庭概況，幾分鐘後再切入本案重點，一來讓當事人心情安定下來，二來掌握周邊事實及當事人敘述方式，可以在短時間的溝通中，以對方熟悉的語法提供法律意見。

一會兒光景後，引導她敘明案情重點：婚後婆家的家族企業財務缺口無法填補，公公與丈夫皆因信用問題遭銀行拒開支票，婆婆與丈夫共同施加壓力，軟硬兼施，要求她到銀行開戶，借用她的支票簿支付廠商貨款，為了家庭和諧，妻子不得不從。近日支票無法兌現，債主上門逼債，她匆忙攜女南下避禍。

這是典型的台灣中小企業常見的妻子犧牲奉獻的場景，尤其票據法還保留刑罰的時期，多少無辜的妻子代夫下獄，等出獄後，孩子學壞離家出走，丈夫變心另娶嬌妻，悲歡離合，寫成一頁頁八〇年代台灣經濟起飛企業家妻子的血淚史！

只是現在是什麼時代了，怎麼還有這種愚忠癡情的妻子？

不忍苛責她，迅速提供幾個法律建議，讓她能在銀行及執票人端找到保障自己權益的方式。談完了財務問題，她仍堅持要離婚，把寫好的離婚條件一一條列，委託我撰擬離婚協議書。

反問她：「妳真的考慮清楚了嗎？婚姻關係是否嚴重到非分手不可？是否先將支票問題趕緊解決，再考慮離婚的事？因為現在速速離婚，法律也無法保障妳，免除負擔支票跳票的責任，因為當初是妳答應借用的！先找銀行處理才能保護自己。現在妳在極大的財務壓力——支票跳票的恐懼下，要做出關乎下半輩子幸福的決定，會帶有很多情緒，與扭曲的看法，倒不如給自己一些時間與空間，沉澱一段時日，在南部好好思索。財務問題是一時的，婚姻是長久的，妳自己有謀生能力，日後獨立生活不成問題，可是眼下為了孩子及未來的幸福，請再仔細考慮吧！」

她點頭，含淚的眼眶有了幾分神采，彷彿找到一些答案……

有些人在婚姻中受傷了，走不出來，當他們找上我時，不論他們多麼徬徨無助，我不會給答案，只是提醒他們問問自己：「離開婚姻會比待在婚姻中快樂嗎？『離開』雖然獲得自由，但得面對孤單、寂寞、財務問題、社會異樣眼光，尤其是夜裡孤枕獨眠、青春期子女叛逆、職場不順遂時，是否能獨自承受？……你（妳）真的準備好了要承擔這一切嗎？」

聽完一席勸語，往往他們就不急著簽離婚協議書，允諾回去再細細思量。

母子緣，收養怨

十年前就認識這位美麗爽朗的外商公司經理，當初為了公司老闆家裡外勞逃跑的違反勞基法案件，來事務所諮詢幾次，後來案件解決了，我們常聯絡，成為好朋友。

當時她有個高大英挺的老公，兩名活潑聰明的兒子，家庭生活幸福美滿，後來為了孩子教育問題，舉家移民遷居加拿大，每次回來我們姊妹淘都會聚聚，聊聊八卦談談心，這兩年她碰上父親重病，丈夫外遇，返台探親來去匆匆，見面也只詢問離婚的法律問題。

後來發個Email提到離婚了，正在待業中，轉眼又是一年，她回來奔喪，決定搬回台灣長住上班，我們約在永康街的小飯館，為她洗塵接風，吃過了她日思夜想的台灣小吃，再帶她去喝高山茶。

茶藝館中，戴著墨鏡的臉更顯蒼白，兩年中歷經婚變、父喪、職場重新出發，我說：「妳好勇敢！」

她摘下了墨鏡，眼角泛紅，欲言又止，以為是父親辭世引發的哀傷，趕緊安慰她節哀保重。

她說：「父親走了，是一種解脫，他中風多年，好不容易可以脫離病體，蒙主恩寵，我倒不會太難過。」黑襯衫領口的十字架項鍊一閃一閃，分外鮮亮！

「倒是兒子的事讓我很徬徨……」她提起另一個話題。

「妳兒子？老大不是畢業在上班了，老二今年也要大學畢業了，妳都脫離苦海，輕鬆了，有什麼煩惱？」邊問我邊夾一塊桂花涼糕讓她嘗嘗，轉換心情。

「有件事我一直沒跟妳講，怕妳罵……」她又停下來。

「我哪時罵過妳，有話快說，別憋在心底啦！」故意沖淡詭異的氛圍，讓她輕鬆些，自在說出心事。

「七、八年前我跟老公感情還很好，他說妹妹、妹夫結婚十八年膝下無子，叫我生個兒子過繼給他們，我想無妨，反正我們已經有兩個兒子了，不過我聲明如果生的是女兒，就要留下來，老公知道我一直盼個女兒，就答應了，第二年生下來是兒子，直接辦收養手續，孩子一出世就抱去他們家，坐月子期間我想念老三，差點思念成疾，吃不下任何補品，可是也莫可奈何，要不回孩子了！」她幽幽地道出不為人知的心事。

孩子是要不回來了，養父母家境好，又愛這個孩子，不可能終止收養關係的，只是當時順了丈夫的意，幫小姑生了孩子，誰曉得多年後，兩人竟會離婚，當年的慈心善意如今成了午夜夢迴思子內疚的源頭了。

「妳去看了孩子嗎？」同樣為人母，知道她的痛，「思念」只能透過見面來稍稍消除。

「有啊！可是小姑怕我帶走他，堅持要在她面前與小孩碰面，有一次小姑剛好去上廁所，小兒子居然偷偷問我，是不是他的親生媽媽？」她興奮又驚懼地轉述。

「妳承認了嗎？」母子連心，孩子就是知道誰是他的親娘！

她答：「我本來打算等到他上國中才告訴他的，沒想到才五歲多他就提出這個令我心碎又頭痛的問題！當下事出突然，我沒敢承認，反問我兒子：『你覺得呢？』……」

母子當場無法相認，夠心酸的！真是不忍心再聽下去……。

「我兒子居然馬上回答說：我覺得是妳啊！我聽了點點頭，抱住他哭到不行。」還好她沒否認，不然孩子怎麼禁得起這種折磨與被拒絕！

「可是最近我的好朋友都叫我不要再去看他了，每次去看他，親密歡樂，臨別之際，他都不讓我走，偷偷溜走，他都衝到門邊又哭又鬧，朋友勸我忍住思念，讓孩子平靜地過日子吧！」她的臉上依然寫滿牽掛。

親情似海深，親生骨肉，牽腸掛肚，怎麼割捨得下？不是說上帝無法照顧每一個人，才創造了「母親」陪伴在每個人身邊，滋潤照拂每個人的身心靈！孩子怎麼缺少得了親生母親刻骨銘心的愛？

「Follow your heart！想他就去看他吧！孩子何辜，生下來就被迫當別家人的小孩，他無法選擇自己的命運，至少可以要求見到親娘吧?!孩子這麼小，不了解人世間的是非對錯，會以為親生父母親是因為他不乖，才把他送走，為了孩子人格正常發展，妳應該多去陪伴他，無論如何，養母的關心照顧總是比不上親娘的愛呀！」我立刻提出不一樣的看法，親手帶大幾個小孩，我深知孩子需要的愛與陪伴。

進一步建議她：「甚至妳應該要求帶兒子到妳的住處過夜，陪他出去玩，或者跟他兩個哥哥團聚，而不是在養母的『監視』下母子聚會。」

「可是這樣會不會變成我誘拐別人的小孩呢？」她一臉迷惑地問。

「當然不會！那是妳的親生兒子耶，雖然在法律上你們的親子關係暫時停止，可是血緣關係一輩子不會改變，妳可以先跟小姑和她丈夫溝通，獲得首肯後，帶兒子出來玩，讓兒子享受親情，明白媽媽不是要拋棄他，這是他的權利，也是妳的責任啊！」釐清法律觀點後，我再度強調孩子需要她的愛。

聊著聊著，窗外的雨不知何時停歇，雨過天晴了，希望好友的心也像窗簷旁的綠葉，經過雨水的刷洗清淨透亮，道別時緊緊擁抱好友，希望多給她支持與力量！

深夜她傳了一封Email，感懷中有了醒悟：

妳今天的一席話真的重重的敲醒了我！
平常從不跟人談老三的事，
怕自己情緒潰堤，索性逃避，
可是「老三」一直是我最想念也最不想碰觸的部分……

妳午後如此認真地、狠狠地當頭棒喝，
以孩子的角度，提醒我有好多的盲點！

雖然很受傷，但還是要謝謝妳！
希望現在還來得及，
開始學習爭取孩子的權益，
也讓孩子體會到母親對他亙古不變的愛！

母子緣薄，兒子送人收養後，可以要回來嗎？
如果要不回來，何時與他相認？抑或終生噤聲守密？

現代王寶釧的故事

下午經歷了一場激烈的合約談判，晚餐後邊吃水果邊看新聞報導，電視跑馬燈出現的標題令人憂心——「高雄氣爆案中央同意撥補十六億元救災，連日豪雨災區凱旋路淹水」，正想仔細聆聽為何高雄市長急於向中央索求救災經費，卻延擱災區重建計畫時，住在南部的大學同學突然來電說是父執輩朋友的親戚發生刑案挨告，是否願意接辦？

同學電話語氣中透著一絲不肯定的感覺，約莫是去年同學會時聽到我有淡出司法圈，為退休做準備的傳言，不確定我是否繼續接案。退休到山之巔水之涯修行是這幾年的渴望，然而塵緣未了，房產貸款未清，孩子學費待籌，也無法立刻淡出，因此作夢歸作夢，生活要顧，日子也得走下去，於是答應接了。

第二天下午同學的父執輩朋友陪同當事人來到事務所，當事人蒼白著臉坐下來，不發一語；一旁是愁眉苦臉的母親，提醒女兒拿出文件。看到母女沉重的心情，自己當然無暇再與父執輩朋友寒暄閒聊，立即切入正題，原來引爆點是當事人的先生委託律師發函，提出兩個訴求：一離婚；二房屋過戶返還，否則提告偽造文書罪行。

當事人看我讀完律師函，開始述說故事。

不知為何，凝望著當事人憂傷的雙眼，〈琵琶行〉的片段詩句騰空躍出她的眼簾：「別時茫茫江浸月，忽聞水上琵琶聲……絃絃掩抑聲聲思，似訴平生不得志；低眉信手續續彈，說盡心中無限事……老大嫁作商人婦，商人重利輕別離……夜深忽夢少年事，夢啼妝淚紅闌干……。」當事人泣訴的故事似乎更悲慘了，她說：

「我結婚三年後生下兒子，從此先生外遇不斷，新歡舊愛交替出現，我在家帶小孩，選擇相信丈夫，不去理會街坊鄰居的流言，直到有一天收到小三寄來的信，辱罵我霸占元配的位置，遲遲不願離婚，耽誤她的青春，阻礙她與我先生的姻緣，我才突然醒過來，拿著那封信哭著去找公婆主持公道，婆婆劈頭罵我不守婦道，才逼得先生往外發展；公公比較同情我，可是家裡是婆婆在做主，公公也莫可奈何，只是訓了我先生一頓，而且把幾年前過戶在我先生名下的房子過一半到我名下，警告他兒子莫再風流，並且安撫我。」

婦人聲音平緩，一滴滴眼淚卻從眼角流下，哀莫大於心死，想必對丈夫已死心了，這些淚水是在哀悼自己的青春、哀嘆自己的命運吧！

我悄悄地遞上面紙盒，婦人拭淚後，接著敘述後來的變化，一邊攤開房屋登記文件，一邊說：

「先生知道我去告狀，名下的房子又遭過戶一半給我，怒不可遏，後來變本加厲，更常夜不歸營，見了面也是形同陌路，半年後索性搬出去住，斷了音訊。公公擔心他在外面亂搞女人生了小孩，於是把房子的所有權狀、印章交給我，要我把剩下一半的先生房屋持分也過戶到我名下，我就跑去地政機關辦好贈與的過戶手續，因為公公說夫妻贈與免稅，節省稅金。辦好之後，所有權狀還是交給公公保管，沒想到時隔八年先生居然說我偽造文書，還要跟我離婚。我真的不知道怎麼會變成這樣？」

婦人紅著眼眶抬頭看我，迷濛的眼睛深不見底，似乎連靈魂也不見了，一旁的母親跟著落淚。

悲傷的當事人，要引導他們思索切身的問題，唯一的方法是單刀直入，切中核心，我開口問道：「妳還愛他嗎？有沒想過離婚？」

其實婦人午夜夢迴想過無數次，只是遲遲未作決定，就因為兒子的一句哀求，「很多年前先生離家後，我曾經答應過兒子，不要讓他成為單親家庭的小孩，他小學的時候班上很多同學的爸媽都離婚或分居，當我先生搬出去之後，兒子就哭著求我千萬不要跟爸爸離婚，他不想跟那些單親家庭的小朋友一樣，被人家譏笑或欺負。」

多麼沉重的承諾啊！丈夫狠心拋家棄子，妻子獨守空閨，還要承諾守著家守著孩子，守不住的是先生的心與不斷流逝的青春歲月……。

婦人說還有另一個原因，「幾年後我得了乳癌，住院做化療，公婆都沒來看我，只有兒子放學後來醫院陪我，還有娘家媽媽在病床旁照顧我，那時我獨力抗癌，根本沒力氣思考『離婚』這件事，這兩年癌症控制住了，卻收到這封律師信，我不曉得自己能否撐下去？」婦人已經流不出淚了，一旁的母親依然淚如雨下。

聽說婦女罹患乳癌是因為強烈渴求愛，卻無法獲得，長期壓抑下產生的惡疾。眼前的婦人渴求不到愛，何不放手，另尋生命的出口？可是如何面對兒子的懇求……。

婦人似乎察覺我的疑惑，繼續說：「收到這封信，我兒子告訴我，他已經長大了，理解媽媽的辛苦，同意媽媽離婚，不要再跟爸爸糾纏。所以我現在是要離婚的。」

「妳有跟先生講了嗎？」我問。

「沒有，我找不到他，我們已經好幾年沒聯絡了，只有吃年夜飯時在婆家有看到他，不過也沒講話。前兩天我回去跟公婆講這件事，我說我答應離婚，但是房子要過到兒子的名下，不能給我先生，不然子女還沒成年，日後生活沒保障。」

「是啊，她的兒子才大一、女兒念高中，以後生活教育費誰負責？當然要過到兒子名下。」陪同前來的長輩忿忿不平地表示。

「那妳公婆怎麼說？」先問清楚整體狀況，再提供法律意見，才能精準地切中當事人問題及需求。

「我婆婆把我痛罵一頓，說我不會教育小孩，又沒盡到婦德，才會搞到今天先生要求離婚。她說我的想法她會考慮考慮。」婦人一副逆來順受的口氣。

真的聽不下去了，我開始發飆：「為什麼是她考慮？應該是她兒子來求妳，妳考慮是否接受才對呀！」婦人是活在古代三從四德的體制下嗎？苦守寒窯後遭夫家休妻，一點招架餘地都沒有！

婦人聽到我提高音量，睜大眼睛不解地看著我，我開始分析：

「整個事件過程，妳都沒有錯，負心的人是妳先生，為何現在丈夫一要求離婚，妳就要答應？在法律上，裁判離婚是採取『歸責主義』，必須一方有錯，另一方才能訴請離婚，今天是妳先生不斷外遇，離家棄子，不負責任，他根本沒資格提離婚，為何妳要順從他的意思？這麼多年來他不斷傷害妳，沒有一句抱歉或彌補妳的身心傷害，就要拿回房子，把妳一腳踢開，這種人無情無義，為何要讓他稱心如意?!莫說法律上他沒這個立場開口，在人情事理上，或佛法天道上妳也無須配合，否則就是助長他的孽緣，幫助他種了惡業，下輩子他還得來還掉這些惡業呢！」看一眼她手腕上的佛珠鍊，提醒因果業報的力量。

法律分析完畢，再提公義佛理，讓當事人清醒過來，明白姑息養奸，非但不能解決問題，反而再度傷害自己與兒子，《法華經》清楚開示：「若有菩薩行世俗忍，不治惡人，令其長惡敗壞正法，此菩薩即是惡魔非菩薩也……我行忍辱，其人命終與諸惡人俱墮地獄，是故不得名為忍辱。」（〈安樂行義卷1〉）如果一味忍耐，不能及時採取適當的方法對治惡人，只是助長惡人繼續造惡業、作惡行，此種忍耐佛法不會認許為「忍辱」修行，反而會與惡人一起下地獄。

然而婦人依然無力反抗，反而想要合理化惡婆婆的指令，努力找出支持她接受婆家安排的理由，她解釋著：「可是我先生離家的這幾年，公公都有不定期地匯錢給我，當作我們母子的生活費還有子女的學費……。」

看來中國傳統的婦德在她身上堅毅不拔，很難扭轉既有觀念，我得再仔細釐析。順著她的說法反問：「公公有每月給生活費嗎？夠不夠用？」

婦人嚅嚅囁囁地回答：「不是每月給，有時半年拿一次，有時隔更久，金額也不一定；其實都不太夠，我娘家媽媽有時會給我一些零用。」婦人母親聽了又開始拭淚。

陷入婚姻困境的婦女常會為了經濟來源，不敢反抗丈夫或夫家的意志及作為，結果愈陷愈深，難以自拔，導致生活無法獨立自主，卻會用一堆傳統道德倫理來說服自己——必須服從夫家經濟主導者的意旨，而忘了自己還有自主的謀生能力，因為「服從」永遠比「反抗」省事省力，留在舒適區域的溫室中互相取暖，總比出外單獨對抗狂風暴雨安全多了，於是有些弱者一輩子在服從中銷蝕自己的靈魂，喪失追尋獨立生活的勇氣。

我分析著：「妳怎麼知道公公不是因為妳為夫家生了一個兒子，可以傳宗接代，所以願意支付生活教育費？或是為了對得起良心，替外遇的兒子贖罪？不管是什麼原因，那是夫家公婆的作為，而不是妳先生支付的生活費；不論婆家付了多少錢，都不能彌補丈夫外遇的錯誤。」

先釐清生活費的支付動機，再語重心長地提醒婦人：「試想妳得癌症時，痛苦莫名，公公可以代替先生來安慰、陪伴妳嗎？子女青春期叛逆時，婆婆可以代替先生來承擔母子衝突的痛楚嗎？午夜夢迴，孤枕難眠，婆家付的生活費能幫妳安心地熬過每個流淚的夜晚嗎？多年來背叛妳的是先生，冤有頭，債有主，妳先生對不起妳，今天他都沒站出來向妳懺悔彌補，為何他一紙律師函的休書，妳就要接受？」

婦人沉默不語，我再區分世間恩怨的差別：「公公支付生活費的恩情（或是撫育孫子的責任）與丈夫的怨尤是不同的因緣，也會產生相異的因果業報，是無法相互抵銷的，夫妻之間還是要回歸你們自己的感情與責任。」

長輩旁觀者清，聽懂了我的苦口婆心之後，連忙問道：「律師，妳的分析是對的，那麼接下來要怎麼做才好？」

婦人也抬起頭望著我，希望得到解答。

我說：「先回絕他的離婚請求，妳再慢慢列出這多年來他對妳的不忠與虧欠，回覆律師函之後，妳仔細想想，如果確定要離婚，有哪些條件要提出，等他的律師接到妳的回信後，看看是否有機會雙方律師安排見面談判離婚條件，最後希望能以協議離婚的方式解決，不要對簿公堂，免得又造成妳的身心負擔，導致病情惡化。」

婦人點點頭，提出疑問：「如果離婚，我可以要求什麼?房子直接過戶到兒子名下，是不是我先生比較能夠接受?」

我說明法律上利弊得失：「兒子今年十八歲，女兒十六歲，在我國民法上還算是未成年人，在滿二十歲前，監護人都可以為了監護或撫養之理由處分他名下的財產，換言之，妳先生可以直接賣掉這棟房子把錢拿走，對你們母子反而更沒保障。」

婦人神色透露不安，沒想到法律是這樣的規定，我進一步建議：「最好房屋產權不要更動，而提議先生須支付贍養費及兒子的生活教育費，並且要求先生承諾不可以就以前房屋過戶登記手續追究任何法律責任，要他承認當初公公徵求他的同意才去辦理過戶的。」

長輩立刻下了決定：「律師，那就請妳撰寫信函回覆，如果對方律師有回應，再委託妳出面談離婚條件，至於要多少金額，我們回去再想想看。」

「沒問題！我明天就可以寫好律師函草稿，會先讓你們過目，確認內容後再寄出。這段期間請你們同時思考離婚條件，如果有任何問題，隨時來電保持聯絡。」

我起身送客，回過身來整理文件後，開始撰擬草稿。

找了實務上相關案例，分析偽造文書成立的可能性，設想日後的法庭攻防答辯理由，花了一個下午時間撰寫完成律師函內容。翌日寄電郵給婦人，她迅速回應表示信函內容確認無誤，囑託我們立刻以限時雙掛號寄出。

沒想到過兩天婦人透過長輩來電轉告，丈夫收到我方的律師函暴跳如雷，向父母親告狀，婆婆立刻來電斥罵，婦人抵擋不住婆家的反彈，考慮同意離婚，房屋過戶予兒子，但監護權歸屬丈夫，而在子女成年前由婦人撫養，丈夫每月支付兩萬元子女的生活教育費，至於婦人贍養費則拒絕支付分文。

接到這樣的消息，我沒多說話，只能尊重當事人的決定，一切因緣自生自滅。

但是公務空檔，心沉靜下來時，那位婦人哀怨的神色、憂傷黯淡的目光卻不時飄過心頭，日後長夜漫漫她如何度過每一個寂寞椎心的夜晚？

以為案子結束了，卻在中秋三天連假，我與小女兒甫從台東池上美麗的稻浪與清爽的秋風吹拂中返回台北，婦人的親戚再度來電，希望見面討論後續。

還有後續發展？不是答應離婚條件了嗎？還來諮詢什麼問題呢？難不成要我幫婦人寫離婚協議書？這種心酸的條件我怎麼寫得下去呢？唉！當事人熬不住的時候，律師也很難再堅持所謂的公平正義，或是女性的尊嚴、夫妻的恩義。

心裡頭一連串問號中，還是先答應她，約了下午會面的時間，等候當事人現身，再問個仔細吧！電話裡頭婦人的親戚話語匆促，似乎無暇解釋，我也不便多問。

午後三點，當事人準時走進事務所，我推開會議室的門，竟然看到婦人迥異於上回的黯淡神情，這次神清氣爽，衣著明亮柔媚，臉上掛著笑容，露出小小酒窩，我不禁說了一句：「咦，妳變漂亮了！」婦人笑意更深了，說了原因：「律師，上次您說的話我都放在心上，回去每天想，愈想愈清楚，原來虧欠我的是丈夫，我根本不需要過這種守活寡的日子，我先生是不會再回頭了，在我兩年前乳癌化療日子最慘的時候，他都沒出現，我就該死心了！」

婦人看我專注地聆聽，說得更來勁兒了，她繼續分享心路歷程：「可是當時我想不開，身邊也沒有人點醒我，母親每天到醫院照顧我，只是以淚洗面，比我還悲傷，根本無力拉我出來。我那時的心態就像律師說的，把公公提供生活費的恩情、婆婆不定期的訓斥與丈夫的負心全部攪和在一起，以為怨恨、批判先生的不忠，就是對不起公婆，那麼公公可能就不會再給我生活費，我兒子就沒飯吃了。可是這兩年來，我娘家不斷接濟我，給我最大的支持與陪伴，我知道我們母子是餓不死的，上個月我也開始去住家附近的美而美早餐店打工，生活經濟上沒那麼拮据了，最主要的是上次您除了告訴我法律上的解決方法之外，還幫我分清楚夫妻的恩義與責任，不用跟公婆的做法混為一談，心理上就慢慢想通了。」

趁她喝著珍珠奶茶的當兒，我補上一段話：「因緣業力必須還諸自身，妳先生對你們母子的遺棄，造成妳深刻的失落與哀傷，婆婆的不定期指責辱罵讓妳陷於極度自我否定，子女又小，無法給妳適時的感情支持，因此『失愛』引發的乳癌來得既凶且急，還好娘家全力照顧，才能抗癌順遂。翁媳的好緣分雖然可以感恩、可以珍惜，但不要以為這樣就可以抹消丈夫的無情無義，長期過度的壓抑與順從才讓妳身體上面臨生命最嚴酷的警訊，還好妳及時接收到這種警告，勇敢地面對，超越它。」

婦人頻頻點頭後，說出這幾天的心情轉折：「本來上禮拜我婆婆打電話來，斥罵我為何要請律師寫信拒絕離婚，錢那麼多，為什麼不留下來養兒子，卻給律師賺？還叫我房子趕快過戶回去給我先生，把離婚協議書簽一簽！」她眼角泛著淚光，在我示意鼓勵下，她繼續敘述：

「如果是以前，我會靜靜地讓婆婆責罵！可是那天我想到您說的話——我們晚輩固然是要敬重孝順長輩，不過，當長輩失去對人的基本尊重時，晚輩的孝心只是助長他（她）們的惡業，我們也要設法停止長輩造惡業。所以我就在電話中告訴婆婆，我身體不舒服，如果要談離婚的事，請她叫她兒子自己出面跟我的律師談，就沒再聽她教訓了。」

輕輕拭去眼角的淚滴後，她淡淡地說：「一方面也是沒感覺了！三年前醫師診斷出我罹患乳癌，進行開刀、化療半年多，他不聞不問，當時我就死心了，現在我還在吃抗癌藥，醫生說有可能會再復發，叫我生活維持穩定，不要壓力大，否則危險。」

沒想到看似軟弱的她，居然勇敢地拒絕別人不合理的對待，似乎某種正面的能量出現了，看來上回的一席話點醒了這位無助茫然的婦人。腦海中浮出佛法的「無畏布施」——給予別人精神支持，產生的力量足以保護他（她）的權益，免於遭受精神上的折磨。

「妳願意調整心態，讓婆婆不能再用長輩的權威傷害妳，這種改變很不容易，不過也要讓婆婆知道，不能一味地寵溺兒子、怪罪媳婦，這種畸形的教育害得她兒子成為一事無成的敗家子，現在妳兒子也長大了，在念大學，妳千萬不要延續婆婆的教育方式，家族中錯誤的教養模式必須切斷，切誤傳承下去，妳兒子將來才能走出不一樣的路！」趕緊叮嚀她不良家教延續的負面影響，睿智的母親必須及時斷絕。

「那麼今天來，想討論什麼事呢？」言歸正傳，我引導回到今天法律諮詢的主題。

「我想請問律師，如果我不答應離婚；我先生真的跑去告我偽造文書，指控我當年偷偷過戶那棟房子，會不會成立？倘使我接受離婚，可以要求什麼嗎？」婦人抓住重點提問。

「偽造文書罪的部分，我想不至於成立，因為當年房子是妳公公買的，公公可以主張信託登記或借名登記在妳先生名下，因此公公可以獨立決定過戶給妳；如果妳先生抗辯當年是公公贈與，一來公公沒繳贈與稅，二來土地登記謄本上過戶原因是寫『買賣』，很難支持『贈與』的說辭，而且妳先生當年登記這棟房子在他名下時，才二十一歲，還在當兵，根本沒有資力購買高達一千八百萬元的房地產，因此以後訴訟他也無法舉證資金流程來證明是他買的房子。」停頓一下，確定婦人是否聽得懂法律上的分析，看到她點點頭，眼神中沒有疑惑，我再繼續解釋：

「再加上房屋的權狀、妳先生的印鑑章都在公公的保管中，公公親手交給妳去地政機關辦理過戶手續，妳沒偷印章來蓋，也沒盜刻印章，怎麼會成立偽造文書罪！對了，那時候印鑑證明誰去申請的？」

「我公公叫我先生簽委託書，交代我去戶政事務所領的，我先生有親自簽名。」婦人記憶深刻，立即回想當時的場景。

「噢！那就更沒問題了，他既然簽了委託書，表示他同意把房子過戶給妳，他也不敢說委託書不是他簽的，那份正本現在還存放在戶政機關，如果他否認，可以鑑定筆跡。所以我想妳不用擔心偽造文書的事，他若是要告，他的律師也會評估利弊得失，他必須考慮誣告的後果，不過倘使他碰上唯利是圖的律師，一味鼓勵他興訟，就很難講了。」國內律師素質及道德品格良莠不齊，有必要讓當事人預知未來訴訟的風險。

婦人神色自若，應該是對刑案不再擔憂了，接著我們討論離婚條件，建議她把握正確的思考方向：「房子是你們母子日後的生活保障，最好不要變動，依舊登記在妳名下，以後兒子成年，如果有必要過戶給兒子，再作決定。至於贍養費，妳可以計算未來三十年的生活費，計算出總額，由於妳罹患癌症，仍有復發的可能，因此必須再加上醫療費用，例如每個月五萬元，一年六十萬，三十年就是一千八百萬元；還有兒子的撫養費，包括生活教育費，如果算到大學畢業，大約再三年，一筆整數兩百萬元，應該足夠，女兒較小，至少需要三百萬元。另外，由於先生外遇，在法律上妳可以要求精神上損害賠償，這方面法律並無固定的計算方式，是以妳承受的精神上痛苦及雙方的資力、社會地位各項因素作為評價基礎，妳先生是台北大稻埕的望族出身，家財萬貫，他分居外遇時間長達十年，這段期間妳要忍受街坊鄰居的流言，被背叛的精神痛楚……，要求五百萬元不為過，所以贍養費一千八百萬元、損害賠償五百萬元、子女撫養費五百萬元，共計兩千八百萬元，如果要談協議離婚，妳可以從三千萬元開始提出條件，底線可以訂在兩千萬元，雙方談好了之後，我再幫你們撰擬離婚協議書。」

婦人聽懂了，允諾回去思考後，觀察婆家及先生的回應，再決定如何因應及提出離婚條件。

望著她離去的身影，相信她會愈來愈堅強，有能量及智慧掌握自己的命運。

沒想到一個月後，那個無情無義的丈夫居然真的下重手了！

「律師，我先生告了，昨天我接到警察局的通知。」話筒那一端是強自壓抑的悲傷語調，婦人力持鎮定地說出這段期間擔憂的噩夢。

「妳還好嗎？他告妳什麼？警察局通知妳什麼時候去約談作筆錄？」不禁連續地問，實在是為她感到不捨又擔心啊！

婦人依然平靜的語調：「我還好，通知單上寫著『偽造文書案』，好像是下禮拜要去分局作筆錄。律師，請問妳明天有空嗎？本來想今天就去請教妳，可是今天下午我女兒學校要開親師會，我中午要去當志工媽媽，下午兩點參加親師會，就沒辦法去找妳，明天早上妳在辦公室嗎？」

「在啊！九點半來，好不好？對了！請妳順便帶上次給我看的房屋過戶資料、分局約談通知書、房屋登記謄本、稅單，還有印章，如果妳需要律師陪妳去警察局接受約談，可以一起辦委任手續。」交代應帶文件資料後，把會議時間登記在行事曆，同時調出她的卷宗檔案，溫習研究案情。

第二天她雙眼無神、臉色發白地走進會議室，問她怎麼了？是否沒睡好？她點點頭，說：「我昨晚覺得很不舒服，不曉得是不是癌症復發了？一早起來先掛號，等一下跟律師討論完，就要去醫院。」

跟一位癌症病人討論刑事案件的案情，著實有些壓力，除了要留意她的身體變化狀況，還得考慮她心理上的負荷能力。我必須拿捏分寸與溝通的力道，才能在病情穩定的前提下，深入討論被告的答辯方向。

「好，我們先討論案情，我會先說明妳先生提告偽造文書案檢察官受理偵查的程序，以及發交警察局調查的流程，接著要幫妳作分局警詢的模擬演練，妳如果覺得身體難過，要馬上講，不要硬撐噢！」我凝視著婦人，確定她身體狀況沒問題，才開始說明地檢署處理此案的過程，婦人點點頭，專注地聆聽。

「通常這種財產案件，檢察官會先發交給分局製作告訴人及被告的詢問筆錄，並且調取與案情相關的證據資料，例如妳這個案子，警員會先向地政機關調過戶資料。對分局承辦警員來講，這一類交辦案件，只是例行程序，他不會深入本案調查，三個月的發查期間屆滿，就會移送回到檢察官手上，再開庭偵辦，所以下週分局的約談，警員主要會根據告訴人就是妳先生提告的犯罪事實一問一答，妳只要依照當時過戶的情形據實回答，不要講錯話就好。」邊解釋檢警辦案的流程，邊留意婦人的反應，她似乎心情穩定了不少，於是我嘗試Q&A的警詢演練。

「接下來我充當警員提出問題，昨晚有先把模擬問題寄電郵給妳，有看過了嗎？」我先確認設計的警詢問題是否她看得懂。

「看過了，不過有一、兩題不太知道怎麼回答……」她臉上浮起問號。

「沒關係，我直接問妳，看妳怎麼回答，我們再來討論，我要知道妳聽到問題的第一反應，這樣才真實，因為警員或檢察官日後開庭可能會問到一些我們沒有預期的問題，妳要貼近事實來回答，不要背誦答案，否則臨時答不出來，或回答得很彆扭，檢方會以為妳心虛或說謊。」叮嚀當事人回答檢警單位問題的原則，免得遇到沒聽過的訊問慌了手腳。她應諾後，我開始發問：

妳何時結婚？婚後住在哪裡？是不是住在後來過戶到妳名下的房子？

妳一直跟先生住在一起嗎？何時開始分居？

妳現在住的房子何時買的？是何人買的？

最初是否登記在妳先生名下？

八年前為何過戶到妳名下？原因為何？

妳先生是否同意？

是妳去辦過戶的嗎？過程的經過如何？

她一一回答，只有對「先生有同意嗎？」的問題停頓下來，問道：「他是跟我公公講的，我沒聽到，我可以說他有同意嗎？這樣警察會相信嗎？可是我如果說他沒同意，那我是不是就是偽造文書，會被抓去關？」

望著她略顯焦慮的神情，我分析：「妳就照事實說，妳先生沒有直接告訴妳，因為那時候他外遇，你們感情不好，沒有互動，可是他有告訴妳公公，再由妳公公轉告妳的，這樣也算是他有同意啊！因為當時你們夫妻狀況比較特殊，並沒有機會直接對話，而是透過公公，而且更重要的是他就把身分證、所有權狀、印鑑章交給妳公公，轉交給妳去辦，這些行為都可以解讀成他同意過戶，不然怎麼會交到妳手上?!」這些關鍵回答必須建立當事人信心，而且給她法律上的依據與解釋，到時候在警局或偵查庭才能篤定地回應；否則當事人就心生懷疑，是無法為自己辯解的。

「對啊！我先生當時還簽了委託書，同意我去戶政機關領印鑑證明。」她好似突然想到什麼，趕緊補充。

「是嘛！這也是很好的證明，妳先生也知道當時要辦過戶才要申請印鑑證明，表示他知情且同意，才會親簽委託書呀！不錯！妳漸漸進入狀況了，知道哪些是重點，必須提出來讓檢方知道。」適時地肯定當事人，讓他們學習判斷案情的重點事項，才能在法庭上適時回應，這是我與當事人討論案情或開庭前模擬演練會給予當事人的支持。

「可是我先生如果全盤否認，或我公公出來作偽證呢？因為我公公很怕我婆婆，我婆婆又很討厭我，我怕我婆婆叫我公公出來亂講話。」婦人又有新的憂慮。

「這也有可能，不過在警局調查的階段，通常不會傳訊證人，妳先不要擔心這麼多；倘使日後妳公公要出庭作證，我們再來想辦法如何預先防範作偽證的問題。咦！妳不是說小叔、小姑很同情妳，當時他們也都知道過戶的事，可不可能請他出庭作證呢？」我提醒她還有另一位證人。

「我不知道，現在他的態度如何？昨天我收到警局通知書，很慌，打電話給他，他都沒接，也沒有回，我猜想他大概不敢管這件事了，因為上次我先生寄律師函來逼我離婚，我公公跟小叔講了之後，我小叔去罵他哥哥，兩兄弟差點打起來，我婆婆就叫我小叔不要介入。」她憂心忡忡地回想。

「沒關係！這是下一個階段的事了，我們先處理現階段警詢的問題。要再練習一次嗎？」我問婦人。面對六神無主的當事人，有時必須冷靜地引導他們按部就班解決問題，否則全部的事情軋在一起，只是增加壓力與恐懼而已，根本無濟於事！

「律師，謝謝妳今天花這麼多時間幫我模擬演練，我覺得有點累了，可不可以過幾天再討論；我先回去消化一下今天的問答內容，現在我要趕到醫院看門診，下次再來，好不好？」婦人有點撐不下去了，提議結束今日的會議。我看著她虛弱疲憊的體態，叮囑她保重身體，過幾天再約了。

進入訴訟後，有了身為刑案被告的壓力，當事人會更積極回憶往事，尋找線索。婦人在我的分析與提醒下，努力翻箱倒櫃，找出了當年丈夫外遇的小三寫信來嗆聲，叫她放掉丈夫的發黃信紙及公公交給她的委託書影印本，上面有丈夫的簽名與蓋章印文。婦人帶來事務所問我對案情有沒有幫助？

「當然有啊！小三的信可以證實公公要求妳先生過戶的原因，當時妳公公就是怕妳先生在外頭有了婚外情，把家裡財產敗光或胡亂過戶給別人。」我仔細讀完那封發黃的信，解釋它的用途。

發黃的信紙裡一字一句都在譴責這個賢慧柔弱的元配，霸占老公、死守婚姻，阻礙老公找到真愛，高調要求元配放過老公，結束虛假的婚姻……。真不知收到這封信的當下，婦人是怎樣熬過那段辛酸心碎的時刻？

我交代助理影印信紙與信封後，再還給婦人，望著她，我沒多言，只把不捨的情緒放在心底，身為律師，我的任務是收拾起所有的情緒，理性地面對案件的人與事。

「那個女人後來打了幾次電話來，逼我退出，只是那時候我很傷心，沒想到要錄音。這件事情我的公婆都知道，因為我小叔無意中得知後，回家跟哥哥大吵，驚動了公婆，祕密就爆開了。我公公不敢管，我婆婆沒訓她兒子，卻打電話來罵我，說我沒有婦德，自己的丈夫才會往外發展！每次打電話來都足足罵上一個小時才掛斷，我都沒有解釋或還口的餘地，不然她又會斥責我頂嘴，對長輩不敬，沒有家教……」她的委屈哀傷寫在臉上。

「婆婆的是非不分，寵溺兒子，妳可以拒絕接聽她的電話啊！我們晚輩縱使不能疾言厲色指責長輩的錯誤，可是至少可以指出先生的不對，以及自己的委屈；如果婆婆聽不進去，妳也可以拒絕聽受她顛倒是非的長篇大論。看來妳婆婆極端偏袒兒子，應該不會出來幫妳作證，甚至妳公公既然這麼怕老婆，只要妳婆婆一聲令下，妳公公也不敢到法庭說實話。我們要找出更多的佐證，證明妳先生當時有答應房屋過戶到妳名下，不然人證的部分，妳可能會比較吃虧。」我一邊作了判斷，一邊翻閱她帶來的資料。

「當時我公公拿所有權狀跟印鑑章給我，叫我去辦的時候，朋友提醒我要請公公寫一份書面表示是他指示我去辦過戶手續的，可是我跟公公提出這個請求時，他說不會有事啦！家人之間不用寫這些書面的東西，何況這棟房子是他出錢買的，最初買的時候他兒子還在當兵，哪有幾千萬的錢來買不動產，他只是登記兒子名下，其實是他的家產呀！」婦人回想當時與公公的對話。

「妳公公的講法倒是給我一個靈感，這次警察局約談過後，我會幫妳寫一份答辯狀，主張妳沒有偽造文書，答辯的第一道防線就是房子產權是屬於公公的，只是借名登記在先生名下，既然是公公指示妳過戶，公公有權利這麼做，先生根本無權過問，也就沒有偽造文書的問題，因為刑法上偽造文書罪必須沒有權利製作文書的人假藉他人名義作成文書，就比如妳這件案子的『委託書』申請印鑑證明用的，以及過戶時作的『公契』贈與房地產契約書，都是實質權利人就是妳公公授意妳去申辦製作的，就不構成偽造，而且另外有一個要件非常重要，就是這些偽造文書的動作必須『足以損害他人利益』，而妳先生並非真正的所有權人，就不會損害到他的利益，他根本不是受害人，就不能出來告這個案子；至於真正的權利人是妳公公，他都親自指示妳去辦理過戶手續了，怎麼可能說妳偽造文書？真正的權利人都答應了，妳先生只是人頭，他哪有資格出來告妳?!」我試圖用淺顯通俗的話語解說法律的規定，婦人今天精神狀況不錯，一聽即懂，頻頻點頭，我再繼續分析答辯的第二道防線：

「倘使妳公公出面否認，說這棟房子是妳先生的，不是他的，我們就回歸到八年前妳辦理過戶的事實狀態，向檢方說明。當時公公鑑於妳先生用這棟房子作抵押擔保，向銀行貸款一千萬元，妳公公怕他敗光家產，又加上有外遇，所以公公跟妳先生商量過戶的事，妳先生答應了，公公才叫妳去辦，對不對？就是妳上次告訴我的經過，還記得嗎？」一方面幫當事人整理事情經過，幫助她在接受檢警單位訊問時，精簡地陳述，避免拖泥帶水，講不到重點；一方面提醒罹癌的婦人，記清楚事件發生的順序與因果關聯性，免得受到服用抗癌藥物的影響，記憶模糊。

「律師，我記得啦！當時我公公為了省代書費，叫我自己辦過戶，我跑很多單位，包括稅捐處、地政還有戶政事務所，有時我小姑或我妹妹也有陪我去，如果我小姑不敢去作證，我也可以請我妹妹跟檢察官說。」婦人在一層層對話中，記憶愈來愈完整。

「可是妳妹妹有當場聽到妳公公跟妳先生的講法嗎？要跟那次辦過戶有關才有用喔！證人必須當場聽到或看到才算數，如果是事後聽妳轉述，我們法律上叫做『傳聞證據』，檢察官是不會採信的。」當事人不理解作證的嚴格要求，常以為有參與事件一部分的人就可以作證，結果出庭說了半天，徒勞無功，我請婦人先分辨清楚。

「最初我有回娘家跟媽媽講這件事，我媽媽再告訴我妹妹，後來辦過戶辦到一半，地政機關要完稅跟貸款清償證明，銀行一直刁難，我就請妹妹陪我去，那次我妹妹來我家接我，去公公家拿我先生的存摺，要跟銀行證明一千萬元都還了，剛好我先生去找我公公，我不想跟他見面，因為那段時間他都跟那個女人同居，不常回家，回家我們就大吵，所以我叫我妹妹進去拿存摺，我妹妹有提到要陪我去辦過戶，我先生當著我公公的面，也沒說什麼，我公公還拿辦過戶的錢給我妹妹，叫她轉交給我，去地政機關要繳規費。如果當時他反對，為什麼不馬上阻止？」婦人的回憶愈來愈清晰，我接著問：「那本存摺呢？還在妳這裡嗎？當初是誰去還一千萬元借款的？妳公公還是妳先生，還是……？」

「律師，我先生一直都不務正業，遊手好閒，絕對沒錢繳貸款，那段時間剛好我公公賣掉一棟房子，要辦塗銷抵押權的時候，銀行行員跟我公公熟，才私下跟他講我先生有貸款一千萬，我公公聽了很生氣，叫我先生來問，我先生承認了，才有後來房子過戶給我的事。為了要保障我們母子的生活，所以我公公就拿錢出來，分期叫我去還，剛好我公公賣掉一棟大安區的房子，買主在一個月內分四期付款，我公公每次收到匯款，就領現金拿給我，叫我去還我先生的貸款，還了一個月才全部還完。我今天也把存摺帶來了，就是這幾筆，上面有註記『還款』，是銀行註記上去的。」婦人把存摺翻開，一筆一筆核對給我看，我逐筆記錄還款日期及金額後，請助理影印存摺。

「這是很好的證明，足以解釋當年房子過戶的原因。另外妳可以請代書調八年前房屋土地的登記謄本，上面有一欄『他項權利』會記載哪家銀行貸款設定最高限額抵押的金額及後來塗銷抵押權的日期，這份登記謄本跟今天妳拿來的存摺互相比對，就可以證實妳說的貸款一千萬元是事實，也就是因為這個事件才有後來過戶的事，檢察官看過這些證據，就會相信妳辦理過戶手續有合理的動機及理由。」我仔細解說證據的價值與必要性，當事人才會同步明瞭我的辯護策略，及日後出庭說明的重點。

「噢！好，我等一下就去找代書。可不可以再麻煩律師再給我練習一次，這樣後天去警察局才知道怎麼回答，我覺得前幾天妳幫我模擬演練，很多題都沒答好，我回家有拿妳寫的題目再想過，律師現在有時間嗎？」她誠懇地請求，這會兒縱使我再忙，也不忍心拒絕，當事人這麼有心，認真準備，我們律師當然也要努力配合。

於是又花一個小時模擬問答，婦人的回答確實改進許多，一些細節都交代得清清楚楚。

「到警察局這樣回答就可以了，如果警員問到妳沒想過的問題，妳真的想不起來，就說忘記了，或是說回家想想，下次再說明，不要勉強去滿足警方每一個問題，甚至拼湊虛構答案，這樣不見得對妳有利！警員最後一個問題都會問：『你最後有何補充？』妳有想到要說什麼嗎？如果妳覺得之前的回答不夠完整，這時候可以補充；如果都答清楚了，也可以回答『沒有』或者說說妳的心情，譬如妳覺得很冤枉！或是很委屈……等等。」我解釋警詢的例行程序。

「心情？可以說這個噢?!我可不可以說他很沒天良？」婦人問。

「可以呀！我倒是很好奇，為什麼妳講到這些，都沒有情緒反應？好像在講別人的故事，這樣警方會不會覺得妳很『冷靜犯案』？」我半疑惑半開玩笑地反問。

「情緒反應？我很緊張啊！」婦人不解。

「我其他當事人碰到這種類似的案件，會很氣憤、悲痛，尤其是先生惡人先告狀，真的很可惡，會破口大罵的！我並不是要妳潑婦罵街，只是心裡的情緒可以自然表達，在警察局接受約談會全程錄音錄影，通常檢察官不會去看錄影帶，可是如果妳是這樣的表情，或者以後到檢察官面前，也都是這種淡淡的反應，妳覺得檢察官會不會感到奇怪？一個癌症的婦人，被外遇的先生誣告偽造文書，居然這麼平靜？我的意思是說，妳可以適度表達妳的情緒，不要一直壓抑，這樣對妳的病也不太好！妳如果講到傷心處落淚，或氣憤地罵妳先生兩句，我想不管是警員或檢察官都是可以理解的。」我善意地提醒。然而哀莫大於心死，婦人對丈夫死心太久，約莫已經忘了如何表達情緒了。

婦人欲言又止，我接著說：「沒關係，就順其自然吧！後天早上九點五十我們直接約在中山分局門口碰面，我再帶妳進入偵查隊報到，記得帶身分證、印章跟這些證據資料。」交代清楚後，就叮嚀她回家好好休息，養足體力，準備接受警局約談。

過兩天，她準時出現在分局門口，稍事提醒後，我們步入偵查隊，裡面鬧哄哄地，承辦警員解釋他們凌晨剛好破獲賭博集團，帶回莊家及賭客共計二十幾個人，從四點偵訊到十點還沒結束。穿過偵訊室，一些刺青平頭的彪形大漢顯然嚇到我的當事人，我拉著她的手臂，讓她走在內側，免得跟那些刑案涉嫌人打照面，徒增心理負擔。

承辦警員讓我們坐定後，開始錄音錄影整個訊問過程。警員問完婦人的年籍資料後，先打第一個問題：「妳與告訴人有無仇恨或恩怨？」婦人轉過來看我，不知怎麼回答，我開口說：「警員，她先生告她偽造文書，其實根本沒這回事，這個問題可以回答說『有仇恨』嗎？因為她先生自己外遇，又告太太偽造文書，要逼她離婚，真的是很可惡，怎麼會沒有恩怨！」警員愣住，看一下電腦螢幕說：「先寫『沒有』，等全部問完再補充這一段，好不好？」婦人看我點頭，就答應了。接著警員提出前面三個問題都是我們討論過的題目，婦人順利回答，到第四個問題她聽了開始焦躁不安，因為警員轉述她先生說是婦人騙婆婆拿到所有權狀去偷偷辦過戶。

婦人立刻回答：「他說謊！是他自己在外面做錯事，還誣賴到我身上……」婦人開始激動反擊，跟在我事務所的反應大相逕庭。

警員再追問：「可是妳婆婆也有來作證，也說是妳騙她的，她說當時在幫廟裡做公益，去發乾糧，妳突然打電話給她，說妳先生公司週轉不靈要向銀行借款，叫妳來拿權狀……」

「我婆婆怎麼可以這樣講？我沒有啊……嗚……」婦人難以置信婆婆的幫腔誣陷，開始低泣，我遞上面紙，提示她要回答具體些。

「我婆家的全部房地契都是我公公在保管，我怎麼會去找我婆婆要權狀？」婦人說出疑點，又繼續啜泣。我加上一句：「她婆婆接到這種電話，如果懷疑可以先問自己兒子啊！她婆婆平日精明幹練，怎可能這麼輕易就相信一通電話的說辭？」

「大律師，請不要幫涉嫌人陳述案情，依刑事訴訟法的規定，選任辯護人只能『在場』，我們是在製作被告的筆錄，請大律師遵守規定。」警員不客氣地回應。

「我怎麼不能發言，不講話我怎麼幫被告辯護，我又不是來當花瓶！」我也不留情面地抗議。警員關掉錄影設備，轉過來打算要訓話，語帶威脅地說：

「大律師，如果妳不遵守法律規定，我只好向檢察官報告。」警員顯然不甘示弱。

「你沒看到我的當事人快要崩潰了，我不能幫她補充陳述嗎？」我瞪著警員，提高語調，表達不滿。

一旁小隊長聞訊趕緊過來緩頰：「大律師，請體諒我們從昨天值勤到現在已經超過三十個小時沒休息，可不可以請涉嫌人先說明，最後再請您補充？謝謝！謝謝！」

婦人也擔心得罪警員，邊哭邊說：「沒關係，律師，我會自己說清楚的。」

警員鐵青著一張臉繼續問，婦人一一回答，內容不出我們事先模擬演練的問答，如稍微遺漏，我就湊近耳際提醒她，警員慢慢了解實情後，開始臉色趨於緩和，也不再阻止我的補充，最後幾個問題婦人傷心過度，幾乎無法作答，於是我只好一句一句提示，讓她複誦給警員輸入電腦。

當警員結束筆錄前，問婦人有何補充？婦人擦乾眼淚堅定地表達：「當初我先生外遇不斷，我選擇原諒，沒想到他竟然離家出走，與女人同居長達六年音訊全無，現在一出現就逼我離婚，完全沒有顧念到這麼長的一段時間，我在家照顧孩子，又要與癌症病魔對抗，他真是沒有天良，我要告他誣告！」

婦人真的醒悟了，知道如何保護自己，反擊惡人！筆錄簽完名後，輕扶著虛弱的婦人走出警局，她說要去搭捷運，望著她瘦弱的背影，再回頭看看警局建築物在夏日豔陽下模糊的影像，心中有股很強烈的期待，希望正義站在她這一邊，國家法律能真正明辨是非，還她清白。

檢察署開庭那一天，清早來到地方法院檢察署，在法警室報到後，四處探望，當事人還沒現身，我先穿越一樓長廊，在後方中庭佇立，看著院落幾株寒梅綻放，才過九點，各法庭還沒開始偵訊工作，四周仍是一片靜蘊，凝視粉白相間的梅花，心情卻清閒不得，回想起當事人一路走來的心理煎熬，經常執著於缺乏直接證據，恐怕難辭刑責，當時我在事務所不斷解釋，希望讓她心裡踏實一些，我說：

「只要妳在贈與過戶的這個點上能向檢察官解釋清楚，讓檢方相信八年前是經由妳先生同意，才去辦過戶的，偽造文書就不會成立，房子就保得住了。」不過執業二十幾年來，始終謹守一個原則，無論當事人的遭遇多麼悲慘，我總是從法律面分析，而不會像有些律師大膽拍胸脯保證一定無罪，博得當事人一時的信賴，然而官司走到盡頭卻是無盡的失落，訴訟過程中諸多變數，誰能擔保官司輸贏?!

法律面分析了，當事人也聽懂了，可是她的表達始終會卡住，究竟心理障礙在哪裡呢？她自己愁眉苦臉地說了：「過戶的證件是我公公交給我的，我都沒見到我先生，更不可能取得他的同意，我要怎麼跟檢察官解釋，他才會判我無罪呢？而且我先生出庭一定會說他沒同意，我又沒證據，怎麼辦呢？」

「沒有他簽的同意書，我們可以從這些交付過戶手續的證件來證明他確實有同意把房子贈與給妳，因為親屬之間常常不會簽書面的文件，檢察官與法官都必須從經驗法則或間接證據來判斷，當時妳先生既然把過戶證件交給妳，就表示他同意過戶了。妳要先克服這些心理障礙，才能坦然地向檢察官答辯。」我再解釋法律人的思維，安定她的心思。

不過，此刻想到偵查庭肅殺的氣氛、檢察官犀利的問話、對方無情的攻擊，真為她捏一把冷汗，稍後即將開始的庭訊，她可以順利過關嗎？萬一她又解釋不清楚，檢方胡裡胡塗提起偽造文書罪的公訴，她禁受得起嗎？母子三人的生活怎麼辦呢？

站在地檢署的中庭，突然打了一個冷顫，唉！辦案過程中，律師常常要自己嚇自己，彷彿如此才能在困境中找到出口，真不是人過的生活，心情正在起伏之際，突然手機響了，當事人終於來了，趕緊帶她去報到，上了二樓，往第三偵查庭走去，「他在那裡！」當事人拉拉我的袖子，低聲地說。

「妳是說妳先生噢？他有來出庭喔！那個站在律師旁邊的男的，是嗎？」我頭轉過去問她，丈夫的律師已穿上出庭的法袍，目標顯著，她點點頭，立刻朝另一方向走，刻意避開她先生。二十幾年的婚姻，夫妻竟然對簿公堂，怎麼樣的姻緣啊？前輩子造的孽嗎？《紅樓夢》描述林黛玉用一輩子的淚水還前世的債，而這個偽造文書案當事人的先生要用法律訴訟來索討妻子前一世的欠債嗎？

「妳先生來出庭，妳會緊張嗎？」我不放心地問。

「有一點，很多年沒看到他了，他似乎頭髮白了，變老了。」她誠實地透露心情，夫妻跑到法院解決恩怨，肯定不會有平靜的心情的。

「我們再討論一下檢察官可能問的重點，好嗎？」擔心她看到冤家，恩怨情仇又浮現心頭，擾亂了我們原來的準備問答內容，提醒當事人回歸案情。

「好啊！我這兩天在家有再練習，律師，妳聽聽看我這樣講，可不可以？」她像小學生要考試一般，重新敘述當年辦理過戶的重要情節，這一次自然順暢多了，正要誇獎她有進步的當兒，法警出來點呼告訴人、被告、代理人、辯護人，要進去開庭了。在她急忙拿身分證的同時，我湊近她叮嚀：「如果檢察官問的事情，妳想不起來，就說忘記了；如果檢察官逼妳或對方講得太過分，妳不曉得怎麼回答，就哭吧！」如此一來，女被告在偵查庭裡就不會被為難了。她點點頭步履沉重地走進法庭。

檢察官是四十幾歲的中年男子，邊翻閱卷宗邊問當事人，告訴人——丈夫，與被告——妻子併列站在檢察官面前，我與告訴代理人坐在一旁，檢察官抬起頭先問丈夫：

「你告你太太偽造文書、侵占罪，是嗎？什麼時候知道她偽造文書的？」檢察官語氣不太和善，不知道是個性還是問案風格，或是對被問者不滿？庭訊剛開始，還無法斷言，需要再觀察，我看看被告，希望她不要被檢察官的態度嚇到，被告低著頭，看不到表情，倒是她丈夫開始理直氣壯地回答：「去年發現的，我去申請土地登記謄本，才知道房子被過戶了。」丈夫對被告的氣憤與鄙夷毫不掩飾地流露。被告聽了，急著要解釋，沒想到檢察官接著表示：「告訴人，你這樣講不合常理噢！自己的房子怎麼可能事隔七、八年才知道被過戶了？你不是在做生意嗎？在商場上的人常常要週轉，怎麼會不曉得房子產權變更的事？」

賓果！碰到有正義感又經驗豐富的檢察官了，有好戲上場囉，來看看老鳥檢座如何修理說謊的告訴人。我趕緊使個眼色再稍微搖頭，向被告示意暫勿發言，在法庭上只要檢察官或法官夠聰明、立場夠公正，有時不太需要聽被告辯解，憑經驗就可以問出案情的蹊蹺。

「因為我事業忙，都睡在公司辦公室啊！我太太偷偷去過戶，我常常出國到歐洲，怎麼會知道呢？她又刻意瞞著我，去偷我抽屜裡的權狀、印章……」丈夫立刻解釋，自導自演，編出更離譜的情節，連我也聽不下去了，正想開口反駁，檢察官已經替我們駁斥了：「怎麼可能！『睡在辦公室』？是在外面養小三吧！被告的答辯狀都提到你一再外遇，而且你一個做生意的人，印鑑章這麼重要的東西，一定是帶在身邊，怎麼會放在家裡抽屜？而且還有身分證，辦過戶、申請印鑑證明也要身分證，你自己也要親自簽名，怎麼會時隔八年才發現？你愈講愈離譜了，我不太相信你講的話欸！」

哇！遇到貴人了，熱血的檢察官不只揭穿丈夫的謊言，還幫妻子教訓負心漢。

「法官大人，我雖然有跟幾個女人過從甚密，可是那不是外遇，我對家庭是很負責任的，我在外頭打拚，都有拿錢回家。」告訴人開始緊張了，把「檢察官」都叫成「法官」。

什麼叫做「過從甚密」？根本就是金屋藏嬌，這不是外遇，什麼才是外遇?!我又很想站起來破口大罵這個不斷說謊的爛老公，殊不知被告開口了：「檢察官，他講的不是真的，八年前我先生第三次外遇離開後，他從來沒拿一毛錢回來養家，我都是自己做小生意養活孩子，我也沒有偷他的證件去辦過戶手續……」話還沒講完，妻子情緒激動得掩面哭泣。

此情此景，丈夫毫無愧色，或有絲毫憐香惜玉之情，反而繼續在傷口上撒鹽，高調地說：「我太太去偷我證件，我媽媽可以作證，而且申請印鑑證明的委託書也不是我簽的，是我太太偽造我的簽名……」

檢察官立即翻出委託書，仔細注視上面的簽名許久後，請法警遞交卷宗給被告辨認是否為她的簽名，被告看了一眼就回答：「不是，我沒有簽。」

丈夫堅定地要羅織妻子入罪，高喊：「請法官送鑑定！」

檢察官庭訊以來第一次認可告訴人的講法，回道：「可以送鑑定啊！被告，妳先當庭簽妳先生的名字十次，法警，你拿白紙跟筆給被告寫。」

丈夫得意地瞅著妻子趴在桌上簽名，我趁空檔發言：「檢察官，我們不反對送調查局進行筆跡鑑定，不過我們主張委託書就是告訴人自己簽的，是否請您也命告訴人當庭簽名十次，一併送鑑定，查明委託書上的署押究竟是告訴人親自簽署或被告偽造？」

檢察官從善如流，指示法警準備紙筆給告訴人簽，我趁勢再發言，扼要說明當年告訴人父親出資購置這間房產，八年前是告訴人外遇，被告哭著稟告公婆，婆婆寵溺獨子，斥罵媳婦沒有婦德，丈夫才會往外發展；公公正視問題，查出獨子抵押房產借貸一千萬元，勃然大怒，代為還款後，要求兒子過戶，免得外頭生下私生子回來爭產。

檢察官邊聽邊讀我一開庭提呈的答辯狀及銀行還款的資料，了解當年房地過戶的背景之後，指示書記官把我的敘述記明筆錄。

此時被告及告訴人都簽完名了，檢察官拿著他們簽名的紙張與卷內委託書比對筆跡，下了結論：「告訴人，我目測看委託書上的簽名比較像你簽的，不像你太太簽的，你是不是自己簽名之後忘記了？」

告訴人沒料到檢察官的反應，立刻喊冤：「這絕對不是我簽的，法官大人請你看清楚一點，明明就是我太太仿造我的筆跡偷簽的！」

檢察官對著天花板日光燈再比對，結論還是一樣，甚至幽了告訴人一默：「你是不是離家太久了，忘記太太的筆跡了！」

我順勢強調被告的立場：「檢察官，這份委託書確實不是被告簽署的，告訴人明知是自己簽名，還提告偽造文書，我們要反告他誣告！」

這種沒良心的男人，以提告刑案來逼迫妻子離婚，應該要讓他接受法律的懲罰，而誣告的提議，當事人在第二次來與我討論案情，已經詢問反控「誣告罪」的可行性，當時被我勸阻，因為挨告中的當事人心理負擔已經很沉重，不忍心讓他們增闢戰場，應付另一線戰事，如果急於反告「誣告罪」，不僅勞民傷財，也對於挨告的刑案無濟於事。而今日偵查庭的氛圍，口頭提出誣告的指控，既不違背當事人的本意，又能增強我方無罪的立場，訴訟策略上值得一試。

檢察官聽進去了，反問告訴人：「你要不要回去好好想想，還要繼續告嗎？到時候承擔『誣告』的罪名，刑責更重噢！」

沒等到告訴人回應，檢察官又提出另一個法律觀點：「這間房子在三十年前是你父親買的，雖然登記在你的名下，這是民間常有的『借名登記』，權利應該是你父親的，八年前既然所有權人就是你父親都答應要贈與過戶給你太太了，你還有什麼資格告偽造文書？」

告訴人顯然沒提防到檢察官會提出這個論點，趕緊轉過來求助於他的律師，坐在我身邊的告訴代理人也沒準備，猛翻資料，無法幫告訴人解釋。

其實這個法律觀點曾經載明在我幫被告寫的答辯狀，是我設定無罪答辯的第一道防線，主張告訴人並非房地所有權人，當然不能以被害人的身分提出偽造文書的控訴，本案從程序上就可以程序不合法作成不起訴處分了，只是當時答辯狀草稿擬就，當事人央請其他具有法律專業的友人審閱，不知基於何種考量，要求我刪除這段的敘述，我尊重被告的意見，忍痛割捨重要的法律理由，幸好檢察官明鑑，提出這個講法，真是英雄所見略同。

我不動聲色，靜待對方解釋，通常在法庭上，面臨法官或檢察官的見解與我相同時，縱使內心狂喜，身為律師，依然要保持「喜怒不形於色」，免得招致法官反感而翻盤，弄巧成拙，此時最高境界是無聲勝有聲，讓對方在困局中嘗試解套，不過告訴人與律師顯然無力殺出重圍，靜默五分鐘後，告訴人不死心，困獸猶鬥說：「當時是我父親要給我的，房子就是我的，我當然可以告。」

檢察官追問：「土地異動索引資料記載三十年前過戶的原因是『買賣』，又不是『贈與』，你可以提出買賣的資金流程嗎？你那時候應該還在念書，哪有錢買房子呢？是你父親才是所有權人，你這個案件，你又不是房屋所有權人，當初你又交出所有權狀、身分證、印鑑章給太太去辦過戶，委託書的筆跡又不能證明是你太太簽的，你確定還要告嗎？」

丈夫嘴硬，堅持要告，還當庭數落妻子，不守婦道，造成家庭不睦，檢察官開始不耐煩：「你家庭睦不睦與本案無關，不是我調查這個案子的重點，你回去跟律師再商量一下，考慮這個案子還要不要告。被告，妳還有什麼要補充的？」

妻子淚眼汪汪地點頭說：「我想跟檢察官說……」聲音開始哽咽，泣不成聲，檢察官本來要收拾卷宗了，看到被告情緒激動，突然停下來，望著被告，請她慢慢陳述。

「八年前我先生離開家的那個晚上，我兒子跑來房間問我：『十二年前你們要生下我之前，沒有經過我的同意，現在爸爸沒問過我，又丟下我，你們為什麼這樣對待我？』我抱著兒子痛哭，告訴他：『媽媽會負責到底，把你們撫養長大。』就是為了這個承諾，我拚命工作，養活兩個孩子，兩年前因為壓力太大，身體又太勞累，診斷出來是癌症，我本來想一死百了，可是想到對兒子的承諾，我鼓起勇氣去開刀、作化療，持續吃抗癌藥，這中間我先生都沒回家，不聞不問，去年我收到他的一封信，以為他浪子回頭，良心發現了，寫家書回來關心我們，萬萬沒想到居然是律師函，要逼我交出房子，無條件離婚，我當然不願意，結果他就告我偽造文書。檢察官，對於我先生，我的心早已死了，可是他不可以這樣抹黑我，我一輩子沒做過違法的事，他這樣告我，如果害我有前科，我的孩子怎麼做人？」她抽搐地努力說出這段時日的委屈與心酸，我沒作聲，只是遞上手帕給她拭淚，輕拍她的肩頭，希望給她些許支持。

檢察官沉默稍許，說：「我們會調查清楚，不會冤枉任何人的。」指示書記官把筆錄列印出來，雙方簽名後退庭。

走出偵查庭，當事人已停止哭泣，心情也漸漸緩和，我稍事說明後續程序的處理之後，叮嚀她回家休息，她虛弱地點點頭，轉身離去，我沒立刻去搭車，沿著法院圍牆走一段路，讓這些是非恩怨隨風飄散，心底平靜後，才搭上捷運回辦公室，再回到另一個世界，處理另一件案子……。

農曆年後，上班第二天就要到法院開庭，而且是刑事案件，心中真有說不出的沉重之感，不僅要把年假中前往巴黎花都自助旅行輕盈歡樂的心情收拾停當，還得全面戒備，進入法庭攻防的武裝狀態。最令人頭疼的是檢察官訂了早上九點半的庭訊，連早餐喝咖啡的時間都得縮短，提早進了地檢署，當事人已經在法警室報到處揮手示意，拿出傳票報到之後，帶領被告到第八偵查庭外等候，看了電子庭期表，我們排第四件，這下有得等了，現在才進行第一件毒品案的訊問，我回頭想告訴當事人還有時間討論案情，卻見她臉色慘白，囁嚅地說：「他們來了！」

「誰來了？」我不解地坐到她旁邊，疑惑著為何當事人神色大變。

「就是我婆婆、小姑跟公公啊！他們真的來出庭了……」她手指稍微伸出指向另一道長廊座椅上三個人，我順著她指頭方向看了一眼，白髮皤皤的對方也正以凌厲的眼神把我從頭到腳快速打量了一遍。

我連忙把當事人帶到另一端有柱子擋住的座椅，免得面對夫家傳訊的證人帶給她壓力，影響出庭的心情。

「應該是檢察官傳他們來作證，不過不確定是不是三個人都傳，我記得上次開庭檢察官有說傳妳公婆來作證沒什麼意思，因為他們一定會袒護妳先生，可能是妳先生後來請律師具狀要求傳他爸媽來幫他講話，因為上次庭訊中，檢察官就一直表示妳先生告妳偽造文書的文件看不出來是妳簽的，反而比較像妳先生的筆跡，他大概怕告不成，趕緊搬救兵，請父母親來作證，強調是妳偽造偷拿印章來蓋或偷簽名。」我分析可能狀況。

「可是，我真的沒騙他們，印章是我小姑拿出來蓋的啊！所有權狀也一直是我公公在保管，他如果沒拿給我，我怎麼去辦過戶。」當事人急著辯解。

「這個我都知道，我們前幾次都討論過，而且也模擬了妳公婆出庭作證的情況，妳怎麼見到他們又慌了呢？不要緊張，更不要怕！妳這樣慌了手腳，等一下進去聽他們亂講話，會更生氣或慌亂，就不知道怎麼回應，不是更糟嗎？」趕緊安撫當事人，免得軍心大亂，還沒開庭就士氣大衰。

「我知道不要緊張，不然進去會說錯話，可是我婆婆平常就對我有成見，這一次又是她支持我先生告我，她一進去，一定說我壞話，我不曉得能不能及時反駁？以前她打電話來罵我，我都不敢回嘴，我婆婆很凶，有時候一罵就一、兩個鐘頭，我都沒講話。」她心有餘悸地回憶。

「在法庭中，妳不講話或及時解釋，檢察官會認為妳默認了，尤其是證人作證，妳如果沒反應，檢方多半會採納他們的證詞，這樣對妳很不利，如果他們作偽證，妳一定要指出來，我也會幫妳補充，不用擔心，妳又沒有做錯事，當初是妳先生外遇，拿妳公公買的房子去抵押借錢，妳公公擔心他敗光家產，才做主決定把妳先生名下的房子過戶給妳，讓你們母子生活有保障，所有過戶手續的證件都是公公交給妳去辦的，怎麼會是偽造文書?!」我再作心理建設，免得當事人在法庭中面臨婆家集體圍攻，撐持不住，棄械投降。看看當事人的表情，我再一次模擬演練，加強她臨場反應：

「我們假設最壞的狀況，如果妳婆婆進去作證，說當初是妳騙她，說什麼妳先生做生意要週轉，請婆婆給妳所有權狀去抵押借款，結果妳就拿了先生的權狀、印鑑章偷偷過戶。妳要怎麼說？」

「我就說沒有啊！是我公公拿權狀給我，叫我去辦過戶，先生的印鑑章是小姑在保管，她拿出來蓋在公契跟申請書上的。」當事人心神較鎮定了，這個回答符合事實，一點都沒說錯，沒想到正想誇獎她，她又開始沒信心，問道：「可是檢察官會相信我或是我婆婆？如果檢察官相信她編的那一套，會不會就把我起訴？」

「不會啦！檢察官會再斟酌其他人證、物證，不會輕易相信個別證人的證詞。」其實這句話安慰成分居多，在當事人自我懷疑，缺乏信心時，倘使律師再理性分析說：「不一定，要看是哪一種檢察官，如果遇到比較客觀公正有經驗的檢察官，會再訊問其他證人，例如妳公公或小姑勾稽比對證詞是否相符，也會考量經驗法則，例如：妳是否會出面幫妳先生借錢，或是所有權狀是妳公公在保管，妳會不會去央請婆婆提供權狀，假設證人的說法違背常理，檢察官也會發現她是偏袒兒子而作偽證，不會採信妳婆婆的說辭。可是萬一這個檢察官沒什麼耐性核對其他證據，或懶得仔細推敲分析案情，甚至立場不公正，就可能聽信他們的片面證詞，胡裡胡塗把妳起訴了。」

說不定這位膽小的當事人聽了就手腳發軟，在法庭中無力反擊或及時為自己辯護，反而亂了套影響案情，尤其在踏進偵查庭的前一刻，只能多加強當事人信心，讓她在肅穆沉重的偵查庭中，可以堅信自信地面對檢察官的嚴格訊問與敵性證人的偏袒，以及告訴人的無情攻擊，於是我選擇安慰，而不再多分析。

緊張、焦慮加上剛剛的模擬演練，當事人表示口乾舌燥，在她喝茶潤喉時，我再起身探視庭期表燈號，今天庭訊緩慢，才進行到第二件。於是我找些輕鬆的話題聊聊，問道：「妳姊姊或孩子怎麼沒陪妳來開庭？孩子學校不是放寒假嗎？」

「我不想讓家人增加壓力，我姊姊今天要上班，她本來說要請假陪我來，我說不用了，孩子很貼心有問我需不需要一起來，我覺得父母親對簿公堂，讓孩子來法院，很殘忍！我會很不忍心子女面對這樣的情景，就叫他們不用來。」為母則強，可是看到當事人獨自面對法庭攻防與煎熬，令人心疼。

「妳很堅強，兩次開庭都自己來。」我說出由衷之言，一般女性被告上法院，總有人相伴，而她挨先生提告，委屈害怕，卻是單獨承受，恐怕是死了心之後的冷漠築起的堅強心牆。她說要上洗手間，洗把臉，緩和一下情緒，看著她瘦弱的背影，我思索著：孩子長大了，是否需要讓孩子學習分攤媽媽的苦？父親在兒子十二歲就離開，與別的女人同居，這八年來母親與一雙兒女相依為命，孩子如何去面對缺席的父愛？母親最脆弱時，孩子是否可以適時陪伴？說不定子女來到法院，父親、阿公、阿嬤、姑姑看到了，心疼之餘會深思這個案件對孩子的負面衝擊，而考慮收手？夫妻的事儘量不要傷害小孩，可是在傷害難以避免之時，是否能引導孩子面對人生的課題，甚至透過親情消弭訴訟?!

這位很少開朗展露笑容的婦人，回到長廊座椅時，居然微微一笑，說：「其實我的家人都不用來，因為看到妳，我就安心了。」

聽了心頭一震，彷彿在槍林彈雨的戰場上，突然出現一幕溫柔的場景，這股震動震到心底——原來律師可以帶給當事人安心與勇氣。

突然第八偵查庭大門打開，法警拿著報到單一一呼點被告、告訴人、律師、證人姓名，我轉頭跟被告確認：「只傳妳公公、小姑作證，沒傳婆婆，妳不要太擔心！」示意要進去偵查庭了。

她刻意走在最後，不想與婆家的人打照面。不過一走進偵查庭站在受訊席前，小姑適巧走到她身邊站著，雙方微微點頭，看看小姑的神情有幾分友善，我心中由衷盼望她稍後作證時具實供述，不要傷害嫂嫂……。

聽說訴訟前，小姑一直站在當事人這邊，姑嫂通電話或在LINE上通訊，小姑常會仗義指責哥哥，為嫂嫂抱不平，可是哥哥提告後，在母親嚴厲的三令五申之下，小姑不敢再與嫂嫂通電話，連嫂嫂主動聯繫，小姑也是噤若寒蟬，語多保留，因此我與當事人對於小姑的作證，其實是心懷忐忑，悲觀以待。

檢察官作完人別訊問後，神色和煦地問被告的小姑：「妳在法律上可以拒絕證言的，因為妳與被告、告訴人有親屬關係，妳要拒絕證言嗎？出庭作證有沒有壓力？」

檢察官真好心，一開庭先舒緩證人心情，理解證人夾在哥哥（告訴人）與嫂嫂（被告）之間，不可避免的掙扎與苦惱，讓證人有選擇作證與否的機會。

小姑倒是很直爽地表示：「既然來了，我就作證。」接著簽過具結文，等候檢察官開口提問。

檢察官先問房子的來源：「是誰買的？」

小姑說了實話：「我父親出錢買給我哥哥的。」

我盯著證人的臉，雖然她背對著雙方律師，不過偶爾別過臉可以看到她的表情，而從證人的聲音、肢體動作，我密切關注她作偽證的可能性。

第一句證詞說的是實情，雖然對我方稍有不利，不過也無法推翻，想必證人出庭前，婆家已經演練一套固定說辭，在婆婆的威嚇下，我方只能嚴陣以待，試圖降低損害。

「當初過戶是什麼原因？為什麼從妳哥哥名下轉為嫂嫂的名字？」檢察官開始進入本案重點。

「因為我哥哥拿房子去抵押，向銀行借錢，我爸爸怕房子被查封拍賣，家產沒了，所以就叫我哥哥過給嫂嫂。」慶幸小姑秉實以告。

檢察官自動補上一句：「是為了保障妳嫂嫂與孩子的生活嗎？」小姑聽了點點頭。

顯然檢察官有看過上次開庭我提呈的答辯狀，上面敘述的過戶原因除了丈夫外遇，就是這個理由——公公要保住房產，用來保障被告母子生活。

「如何辦理房地過戶的？妳哥哥知道嗎？有沒有同意？」檢察官問到本案偽造文書的關鍵。

「家裡經濟大權是我父親在掌管，他決定要過戶，我們子女不會有意見的，那時候我哥哥不在家，他沒意見。」小姑說出家裡的實況，可是還沒交代告訴人如何「沒意見」。

檢察官追問：「告訴人有同意過戶嗎？印章在誰那裡？」

「印章在我父母親那邊，他們在保管，我哥哥當時有聽到爸爸跟他說要過戶，他沒說什麼。」小姑一半敘說事實，一半依然轉述家裡商量出來的證詞，刻意將印鑑章保管的事，推到父母親身上，想必在法庭上，當著哥哥的面，不敢承認是自己把保管的哥哥印章交給嫂嫂，免得觸怒哥哥。

我正在思索著如何引出實情，會不會引發證人的反彈或戒心，反而說出其他不利的證詞……，告訴人已然按捺不住，大聲嚷嚷：「我妹又沒住在一起，她怎麼知道這些！這房子是我的，我又沒同意我太太過戶，怎麼可以去辦手續?!檢察官請您問我父親，要以我父親的講法為準……」

噢，這下可以猜得出告訴人家中對於今日出庭作證的各自立場與局勢發展了。顯然婆婆為兒子撐腰，要求公公為兒子案情背書，而小姑平日不屑哥哥行徑，卻凜於婆婆的權威，出庭遵循婆婆的交代說出作證的主軸，但加上自己的一些意見，引發哥哥的不滿，急著要討救兵，企求父親的證詞。

我趕緊起身，請檢察官補充訊問證人：「告訴人的印鑑章是否由妳保管？被告辦理過戶手續時，是不是妳交給被告蓋章？」管不了證人內心的親情與良心衝突了，在父親作證之前，得先確定這點與小姑有關的重點事項，免得證人稍後在父兄壓力下，不敢承認。

檢察官要求小姑直接回答，小姑婉轉地回答，看得出承受家裡的莫大壓力：「印鑑章是我在保管沒錯，當初是父親的意思，我才拿出來蓋章。」

檢察官好整以暇地轉向告訴人說：「這樣看來很清楚嘛！你太太沒有偽造文書，是你爸爸作主的，全案不是你太太幹的嘛，你還要告嗎？」

告訴人怒道：「我當然要告啊！房子是我的，請檢察官問我父親就明白實際情形。」

檢察官請法警到門外呼叫告訴人的父親入庭作證，不一會兒，一位頭髮灰白的老先生滿臉愁容地走進來，遞交身分證後，檢察官溫和客氣地問：「你是告訴人的父親，依法可以拒絕證言，你要作證嗎？來到這邊你一定很為難喔！」

證人沒想到檢察官如此和氣，居然可以不用作證，連忙回答：「那我就不要作證好了！我身體不好，吃很多藥，而且時間久了，很多事都忘了。」

兒子聽了非常著急，頻頻舉手要發言，檢察官示意稍安勿躁，先請雙方律師表示意見，告訴代理人語帶無奈地說：「證人拒絕證言，我們也沒辦法。」我接著回答：「尊重證人的決定。」

告訴人的父親不發言作證，當然對我方較有利，否則他在妻子的要求下，勢必說出對被告媳婦不利的說詞，我坐在律師席綜觀全局，愈發感激這位檢察官體恤的心意，足已讓證人避免一場家庭風暴！

告訴人眼見他的律師沒幫他爭取證人作證的機會，趕忙自行發言，態度轉趨和緩，低聲下氣地求道：「檢察官，我知道您體諒我父親年邁多病，不讓他太勞累，可是今天他已經到庭上了，請您只問他兩件事就好，就是這房子是不是我的、當初我太太過戶我有沒有同意？」

我正為前面站著佝僂老父鬆一口氣，毋須夾在兒子與媳婦間承受煎熬而感慶幸，因為他走出偵查庭後，大可以告訴跋扈強勢的妻子，是檢察官不要他作證，不是他蓄意違背太座的旨意。沒想到告訴人窮追猛打，硬要逼得證人老父表態，這下就看檢察官如何智慧地解套了。

結果事與願違，檢察官看到告訴人卑微地乞求，居然心軟，無視於方才證人拒絕證言的陳述，轉向告訴人的父親問道：「那麼你就說說看這房子到底是你的還是兒子的？八年前過戶時是誰做決定讓被告取得房地所有權？」

大事不妙，換我採取行動，霍地起立，喊著：「檢察官，我有程序問題，剛剛證人已經拒絕證言……」話還沒講完，告訴人目不轉睛瞪著父親，等待答案；檢察官當作沒聽到我發言，低頭翻卷宗，又指示書記官記筆錄；被告十分不解地轉身望我；小姑則盯著證人席的電腦螢幕，不知道父親會如何作答。證人在一片混亂中，緩緩地說出：「當年我兒子在做兵，我出錢買這棟房子，用他的名字登記，後來他結婚，就給他們倆夫妻住，幾年前我媳婦說我兒子借錢，房子快被查封拍賣，說要過戶，我才幫我兒子還清貸款，讓我媳婦去辦過戶，當時我也不知道他們夫妻感情不好……。」老父親蒼老的聲音敘述往事，前半段是實情；後半段顯然是依照妻子與兒子套好的台詞轉述，企圖把過戶的原因推到媳婦身上。

明明兒子風流，外遇不斷的家醜舉家盡知，當年也是公公擔心兒子在外亂來敗盡家產，才提議房屋過戶到乖巧賢慧的媳婦名下，公公如果沒作主，被告怎麼可能拿到所有權狀、印鑑章去辦過戶手續？如今兒子想要離婚了，法庭中的媳婦即將成為下堂婦，公公選擇向妻子、兒子靠攏，給媳婦套上不明不白的罪名，親情的沉淪與人性的幽暗，在法庭中一幕幕流轉。我不忍加重證人老翁的心理負擔，更怕逼問下去，反而有更多不利的證詞冒出來，被告無力澄清或反擊，只好沉默，觀察檢察官的反應。

告訴人聽了流露得意之色，檢察官沒再繼續訊問，反而勸說告訴人：「你太太也沒把房子拿去賣掉或做什麼對你們家不利的事，她們母子住在那裡面，生活也有個保障。你要嘛就去告民事，不要告偽造文書，家務事好好解決……」在一旁愁苦滿面的老父親忽然幽幽地開口：「夫妻不好就在家裡解決，看是要離婚還是怎樣，何必鬧到法院？」父親顯然為了今日出庭作證深感無奈與難堪，忍不住說出心裡的話語。告訴人虛情假意地回應：「謝謝檢察官好意……。」

我倒是義憤填膺，又不能刺激逼問證人，也不能責怪檢察官違反訴訟程序、出爾反爾，眼見被告委屈地在旁垂淚，我忍不住發飆：「告訴人自己沒盡到為人夫、為人父的責任，多年前拋妻棄子，在外面尋花問柳、外遇不斷，這麼多年從沒撫養妻子兒女，現在為了房子，又來逼老婆離婚，居然告偽造文書，根本就是誣告！……」我還沒罵完，告訴人已經氣得冒火，回過頭來指著我說：「我們夫妻的事，不用妳管，我老婆做錯很多事，才逼得我離開家裡，我都有叫我爸爸拿錢給她們母女生活，誰說我不負責任，我只是在外面跟幾個女人過從較密而已，男人在外面打拚，女人家懂什麼！」

我聽了更是心裡有氣，想著：可惡的負心漢，喪盡天良還敢在法庭理直氣壯，你老婆不敢教訓你，不要以為天底下女人都怕你，今日卯足了勁，也要幫你老婆出口氣！我正待開口，檢察官揮揮手，示意勿再吵了，指示所有法庭中的人在筆錄上簽名就宣布退庭。

告訴人瞪我一眼，匆忙地在筆錄上簽完名，拉著父親往外走，小姑在走出偵查庭前，向被告輕聲說一句：「嫂嫂，保重！」彷彿寒天裡的一絲溫暖陽光，被告淚眼迷濛中點頭示意，我站在她旁邊，幫忙仔細檢查筆錄內容無誤，請被告簽名後，才陪她步出偵查庭。

被告依然臉色憂戚，輕聲問著：「律師，妳看今天他們作證，會不會對我不利？」

我作了整體開庭分析：「剛剛證詞有好有壞，檢察官有說委託書的筆跡不是妳簽的，小姑的證詞也顯示是妳公公作主，妳只是聽命行事，如果真的成立偽造文書罪，妳公公才是主謀。看檢察官今天訊問兩位證人的態度與問法，應該是相信妳沒有偽造文書，雖然公公後來補上一句說是妳以借錢為由告訴他過戶的事，不過那一段，妳公公沒有講得很清楚，也沒說是妳騙他，整體看來，我認為檢察官會相信妳小姑的證詞，認定是公公作的決定，偽造文書罪應該不會成立，如果他要起訴，方才開庭開到最後也不會勸告訴人去告民事了，通常檢方打算不起訴，才會勸告訴人去告民事，事後會在不起訴處分書上載明檢方認為全案是民事糾紛，與刑案無關。所以我想這個案子妳應該不會被檢察官起訴。」

被告終於神情較為輕鬆，安心地接受我護送她穿過法院長廊，免得與丈夫婆婆相見尷尬。走出地檢署的大門，陪她再走一段路，確定不會再遇見婆家的人後，與她道別，走向捷運站，在月台上，望向遠方的青山白雲，心裡沉思著，這樁偽造文書的刑案到頭來可能沒事了，可是他們夫妻之間的種種，包括房子、婚姻、親子關係……，恩怨情仇可能一時之間還很難了結呢！

一個月後收到地檢署的不起訴處分，檢察官完全採信我方的答辯，認為被告的公公出資購買該房屋，登記於被告丈夫名下，被告丈夫事後確曾向銀行借款，而由公公代償，公公乃決定將不動產過戶予被告，有公公及小姑之證詞支持，因而認定全案被告皆無偽造文書或侵占之犯行。

夫妻對簿公堂的鬧劇就此落幕，當事人及介紹案件的同學均來電致謝，婦人在法院訴訟洗禮下，似乎逐漸找到為自己爭取權利的力量與立足點，電話中感受到她開朗重生的喜悅！偵查庭的煎熬雖然比癌症的折磨更令她痛不欲生，不過，一路蹣跚前行，她還是找到人生的出口了。

中國古老的俗諺：百年修得共枕眠，是福還是禍呢？是佳偶天成抑或怨偶孽緣呢？賈寶玉前一世用清清甘露澆養絳珠草，下一世絳珠仙子化身為林黛玉，用一輩子的眼淚償還賈寶玉前世的甘露之恩，夫妻姻緣是否命中註定來還前世的恩情或仇債？

現代婦女如果堅守著三從四德的古訓，也要在對的人、對的事上實踐；倘使對方拋家棄子，妳還要「守著陽光守著你」，為他守活寡嗎？

被遺棄多年之後，忘恩負義的丈夫突然控告妻子，罹癌的棄婦是要逆來順受、暗夜哭泣？還是堅強迎戰，勇敢反擊？

人如果陷於偏執中，無法看到自己匱乏與錯誤，縱使來到法院，尋求法律救濟途徑，也無法獲致他想要的公平正義。

陸配的命運

——家暴／離婚？

一個陌生的電話號碼出現在手機上，適逢假日在家複習《老子道德經》，心想這通電話不是當事人來諮詢法律問題，就是媒體記者採訪社會案件，很想略過，又有一絲不祥的感覺，按下「接聽」鍵，果真傳來不幸的消息，一位當事人被施暴後，正送往醫院急救，她的朋友透過話筒顫抖的聲音問著：「律師，我們要先幫她驗傷或報案？」立即指點先救人要緊，治療後驗傷再報案，一方面不會耽誤急救過程，二方面報案時才有傷害罪追訴的證據。

話筒放下時，跌入一陣沉思中，上回見面的場景與對話浮現眼前……，不禁自問著：上次建議這位少婦回家與先生再度溝通，到底是不是明智之舉，或是反而害了她？

兩週前透過台灣朋友的介紹，這位大陸配偶來事務所諮詢離婚的問題，雖是「陸配」，卻裝扮入時、落落大方，標致的臉蛋配上姣好的身材，絲毫看不出已生育一雙子女。

坐在會議室細訴來台八年的不幸遭遇，遊手好閒的台灣丈夫天天到夜店買醉，深夜返家不是向熟睡的妻子求歡，就是施暴，陸配從大陸帶來的積蓄花在家用及代償丈夫債務全然耗盡，近日受不了丈夫的言語及身體暴力，搬出居住，卻遭丈夫僱請徵信社跟蹤偷拍與男子共進早餐的情景，丈夫怒不可遏，當場將妻子揪回家中，當著婆婆及子女的面痛毆洩憤，半夜倉皇逃出，翌日即來事務所求助，詢問離婚可否爭取孩子監護權。

「妳的身分證拿到了嗎？」陸配沒有身分證，簡直寸步難行，我先問重點，如果欠缺身分證，無法工作，提不出一份穩定的收入證明，家事法庭是不可能將子女監護權判給母親這一方的。

「還沒拿到，差二十天呢！」她搖頭，並解釋：「移民署說需要附丈夫的同意書。」

「妳先生簽同意書了嗎？」這當下身分證是比離婚協議書重要了，繼續追問。她依然搖頭，我再引導她思索：「這節骨眼，妳先生會願意簽同意書嗎？如果妳堅持先辦離婚手續，還能申請台灣的身分證嗎？」

「那肯定是不行的唄！」她聽懂我的提示了，可是仍想問清楚，以便確認下一步的做法：「那麼我該怎麼辦呢？」

又是一個六神無主的受虐婦女，通常法律諮詢過程中，我是不會幫當事人下指導棋的，因為整個案子是她人生的縮圖，身為律師如何能替她決定人生的方向?!可是碰上受虐婦女，忍不住多幫一些，建議她先回家與丈夫溝通，忍耐著先拿到同意書再做打算，如果能有機會邊談離婚條件，也不妨列出自己的訴求，譬如子女的監護權及借款清償事宜。

她聽了覺得輕重緩急的處理要依了我的意見才是正辦，就決定勉為其難地暫時返家住了。沒想到結果竟是遍體鱗傷地爬上救護車……。

電話中無法深談，約好週一上班再見面討論。

星期一早上朋友攙扶著她走進事務所的會議室，戴著口罩仍掩不住臉上的傷痕，頭髮零亂，神色蒼白，與上次蹬著長筒馬靴、迷你短褲及貼身T恤的神采截然不同，唯一相似的是憂傷的眼神透著深不見底的恐懼感。

仔細讀著她的驗傷單，記載著：胸部抓傷、臉頰擦傷、手臂紅腫、足部疑似骨折……，問她這麼嚴重怎麼沒住院？她聲音微弱地答：「我是要住院啊，他找人監視跟拍，在急診室還不斷緊跟著偷拍，我嚇死了，傷口敷藥包紮，再檢查完頭部有輕微腦震盪，領了藥就趕緊走了。」

「怎麼打的？」很不忍心讓她回憶受傷的細節，可是辦案所需，不得不問。

「他開車載我跟孩子回家，到家裡巷子口，他停車開始逼問我上回照片的事，我不答，他就在車上抓我的頭敲窗戶，我開車門逃了出去，又被他抓回來，痛打一頓，孩子爭相哭泣，急著要拉住抓狂的父親，我丈夫先把兩個孩子帶下車，我趁機把車門鎖上，不讓他進來，趕緊報警，沒想到他去拿磚塊敲車窗玻璃，七、八個警察趕到要阻止他，他反而跟警察打了起來，其中兩三個警察見我流血滿面，先帶我到醫院急救，再做筆錄。」一口氣說完，她像洩了氣的氣球癱在一邊。

「所以妳已經報案告他傷害了，有沒有申請家暴的保護令？」通常醫院會通報家暴案件，我再跟她確認，她答說一早去法院填好表格了，可是不敢遞送出去，因為如果家事法庭通知丈夫，他一定暴怒，屆時又是她倒楣，橫豎又會討一頓毒打，所以先來請教律師。

也好！不要同時開闢這麼多戰場，否則受虐的少婦更會身心交瘁，疲於奔命的，光是要應付失控的丈夫就是個難題了。

「律師，接下來我該怎麼辦？」她焦急地拿下口罩提問，臉上的傷痕清晰可見，要解釋法律的程序不難，要幫著她做人生的抉擇、療癒所有的傷口，卻是難上加難。

「傷害罪的部分既然已經報案，警察局會通知你們雙方去做筆錄，也會勸諭和解，趁這個機會妳可以提出離婚的要求，如果和解談不成，案子移送到法院，檢察官會通知妳出庭，倘使妳害怕與丈夫同庭相對，可以要求檢察官分別傳訊，或委託律師代理妳出庭。」緩緩地說明，留意著她的情緒變化，此時此刻不能再讓她受到任何刺激，否則她很難撐過這個關口，當初滿懷希望地嫁過來，恐怕也沒想到遭此鉅變吧？兩岸交流中，多少人由於五、六十年的隔閡而釀生悲劇呢！

她聽懂了，突然想起早上的一通電話：「今天一大早我丈夫就打電話說同意離婚，可是孩子的監護權、探親權都不給我，我不曉得要不要答應？」我反問她：「看不到孩子，妳受得了嗎？」受虐婦女常常熬不過對孩子的思念，在離家出走後，又回來繼續承受暴行，或是不敢下定決心離開婚姻。

經過昨天的衝擊與傷害，她倒是痛下決心，說：「先離婚吧！我不敢想像下次丈夫會怎麼打我，如果再不走，我會被打死的，至於孩子，我可以到學校偷偷看他們。」說著，說著，眼角又淌著淚水……

兩害相權取其輕，也只好先保命了。無暇再安慰，趕緊幫她撰擬離婚協議書，教她趁丈夫心情平靜時先簽署，等下週拿到台灣的入籍許可辦妥身分證，再與丈夫到戶政機關辦理離婚登記手續；倘若丈夫反覆無常，拒簽離婚協議書，只好在傷害案中提出離婚的條件作為撤回告訴的前提，或者申請家暴的保護令，讓丈夫不至於再度施暴，再來商談離婚事宜。

她拿著離婚協議書，虛弱地起身，連聲致謝，送到門口，叮嚀她多保重，一切小心了。

當婚姻只剩下枕頭與拳頭時，哀傷恐懼的妻子是否還要為了稚齡子女守在牢籠般的家，忍受黎明來臨前無盡的黑夜？

性騷擾與婚外情

「沈律師，一線電話，一位張小姐想要來法律諮詢。」助理清脆的聲音從電話機傳來，我正在修改一份廣告代言合同，當事人急著要在中午前回覆給大陸的經紀公司，付款條件一直搞不定，還是先接電話吧！

「請問是沈律師嗎？我從朋友那裡看到您的網誌文章，裡面有幾篇探討家庭糾紛的案例故事，我不知道是真實的，還是虛構？從您處理這些糾紛的方式，以及最後您給當事者的人生建議，藉由法律之外的佛法、哲學角度出發，我覺得寫得很深刻，給人們很多啟發……」甜美但陌生的聲音從話筒傳出。

咦！網誌文章我只給家人與幾個好友分享，怎麼會有陌生人看到呢？正在疑惑時，邊打開手機，才發現姊姊早上曾在 LINE 上傳訊息：「妹子，昨晚聽到好友的悲慘故事，禁不住給她看幾篇妳的網誌文章，她看完覺得似乎在大海中出現了浮木，想要跟妳聯絡，詢問妳的意見，看看她的人生習題，是否有解?!我已經告訴她辦公室聯繫方式，妳不要怪我沒問過妳就轉寄文章喔！婚姻危機中，她真的找不到出口……。」

來不及深思，話筒又出現張小姐的一串話語：「很冒昧，最近我自己也碰上很困擾的糾紛，昨晚您的姊姊建議我來找您，說也許可以得到法律專業的協助，不知道您這兩天是否有空，可以見面，向您諮詢？」姊姊的朋友提出要求。

翻一下行事曆，明天星期四要開庭，星期五要去南部演講，只好訂下週了，沒想到她說明天案情就要做決定了，可否早一點來訪？那麼毫無選擇餘地，就是今天下午了。

於是集中精神，將大陸經紀公司的代言合同修改完畢，已經是十二點十分了，在辦公室吃完沙拉與清湯，行禪二十分鐘，再靜坐二十分鐘，查閱微信 WeChat 訊息，回覆當事人的詢問後，下午開始上班，交代助理聯絡法院明天閱卷，再叮嚀實習律師下班前完成當事人的證據保全聲請狀後，約定兩點見面的當事人已到會議室了。

推開會議室的門，才知道原來是夫妻倆一塊兒來訪。妻子臉色蒼白，見到我進來，硬擠出笑容，當作寒暄示意，先生毫無表情，心情沉重地點個頭。我遞上名片，夫妻二人都沒拿出名片，妻子急著說明案情：

「我先生在一家科技公司擔任副總，最近被申訴性騷擾，對方告到勞工局了，我們想請教律師怎麼辦？」

真是直接的詢問方式，當事人究竟是煩惱纏身、心急如焚，還是剛剛在會議室等候的幾分鐘裡，看到茶几上擺著的法律諮詢計費方式，一小時七千元，把握時間切入重點，不得而知！「性騷擾」需要來諮詢律師嗎？只是勞工局的行政申訴案件，通常當事人不會大費周章來作法律諮詢，莫非內有隱情？

「律師，是這樣子的，公司有位女性員工上星期去勞工局申訴，說我對她性騷擾，勞工局發公文給公司，要求公司提出說明，公司有兩性平權委員會就開始展開調查，前天公司人力資源部門以電子郵件通知我在明天之前提出書面說明，下週三要開會，我必須出席作成口頭報告，所以我們才急著來尋求法律協助。」先生大概看出我的疑惑，先作開場白。

妻子不待我回應，立刻補充：「我們夫妻其實感情一直很好，家裡上上下下都是我在打點，上星期日我先生的上司突然約我去喝咖啡，我就知道事情不妙，我先生在這家公司任職十幾年，老闆從來沒有私下跟我聯絡，結果一見面，老闆就跟我說這件事，我當場崩潰，痛哭流涕，後來是老闆的祕書開車送我回家，大概怕我想不開會出意外。前幾個月我看先生在家接手機講話就怪怪的，對方講話很大聲，聲音很嗲，一直在撒嬌，有點像男女朋友的口氣，可是當場我先生訓了她幾句話，我就沒再懷疑，律師，您看對方會不會再去告我先生？公司下週三的調查會議要不要請您一起列席？」

這位妻子顯然處在極度創傷震驚狀態下，說話不斷跳針，思緒混亂，卻又想力持鎮定，從他們夫妻走進會議室到現在，都還沒詳述案情哩，我怎麼提供法律意見呢？當事人常常在六神無主，茫然迷惘中，立刻期待律師指引明燈，給出解決藥方，我們不是上帝或醫生，哪有如此神奇的能耐，立馬判定案情，提供法律解答?!

「請問那位女員工申訴性騷擾，主要內容是什麼？有什麼訴求呢？」我還是得先引導當事人精確描述事實經過，才能進行法律分析與討論。

「喔，對了！我還沒講事情的緣由，」先生終於發現主要的案情還沒說明，這廂才開始敘述：「這個女員工是我面試聘進來的，人很聰明，已婚有一個小孩，她常在我加班時跑來跟我聊天，送小點心或熱飲，可能是日久生情吧，漸漸地我工作壓力大或夫妻有爭執時，就會打手機或約她出來聊天，之前都沒什麼踰矩的動作，我在辦公室管一、兩百個員工，對自己的言行舉止都很小心，老闆去年才讓我升上副總，這個位置得來不易，即使一時迷戀，我也不至於沖昏了頭，毀了自己的前途。」先生表明升遷的心態，接著又說：

「一直到上上禮拜，公司產品有瑕疵，幾條生產線的成品都無法出貨，要全數銷毀，公司損失幾百萬美金，那款產品是我負責的，我很內疚，情緒無處宣洩，上週三下午我就請假，想要出去散散心，可是那幾天剛好我太太出差，到香港開會，我就約了那個女員工，開車出去，到陽明山走走……」先生講到重點突然停下來，妻子不解地望著他，我也等著他開口。

「律師，公司有叫我打書面報告，我寫了個申辯書的草稿，想請妳用看的，好嗎？」副總把手提電腦打開，推到我前面，頓時聽懂他的意思，我轉過頭問他太太：「妳剛剛不是說要上洗手間，趁我看這份書面的時候，妳要不要先去？」太太遲疑了一下，起身走出去。

副總說：「謝謝妳，律師！這份草稿我太太也沒看過，雖然我已向她懺悔做了不該做的事，可是這個書面報告裡面敘述很詳細，我怕太太看了更受傷，這幾天她已經失眠焦慮好一陣子了。」

我迅速地瀏覽電腦螢幕，申辯書草稿第二段開始鉅細靡遺地描述他在陽明山擎天崗與女同事談天親吻擁抱的過程，又提到二人驅車前往溫泉賓館合洗鴛鴦澡，浴後上床愛撫，射精在女方身上的細節，香豔刺激，足以媲美網路言情小說，看完最後一段，剛好妻子走進會議室，我示意請副總闔上電腦，問他為何交代如此詳細？他直言公司人資主管請他寫得愈詳細愈好，有助於公司的調查。

「如果這位女同事存心要整你的話，你這份報告一出去，她就不只申訴你性騷擾，還可以到法院告你強制性交未遂或強制猥褻，或是利用權勢性交、猥褻罪。」

先告知當事人這種書面提出的法律風險，最嚴重可能導致刑事責任。

副總臉色鐵青錯愕，妻子愈發憂心如焚，詫異地問：「公司要求我先生寫報告，如果不配合，不是更糟？公司是不是會更誤解我先生，甚至馬上把他 fire 掉？」

副總也著急提問：「公司要解僱，我已經做好心理準備了，無所謂！問題是公司現在要進行調查，我之所以寫這麼清楚，用意是要強調我跟這位女同事之間就是男歡女愛，那天發生的細節都是女方同意的，我沒有強迫她，而且後來從賓館出來，開車送她回公司，還有說有笑，一點也不像被強暴或性騷擾，真搞不懂她為什麼後來竟然去申訴！」

「我了解在這個事件爆發的當下，是你事業歷程中遭遇到空前的難關，你一定急著要解釋事實的真相，洗刷清白，讓公司與勞工局相信你們之間是男女之情，而非強制猥褻或性騷擾，可是提出報告申辯的同時，我必須提醒你不要因為這份報告引發任何後遺症，包括公司的過當懲處或刑事責任。」我說明考慮點，夫妻倆愣住了，顯然沒聯想到這種報告衍生的法律風險或商業危機。

我繼續分析：「副總剛剛提到了重點——這位女同事申訴性騷擾的動機，究竟是為情、為財、為權？如果依副總的書面報告末段記載，你們那一天出遊沒有任何不愉快，為何第二天女方就翻臉，跑去勞工局申訴？」

妻子附和著說：「對呀！如果碰到性騷擾，她那天一回公司就可以去申訴了，為什麼要等到第二天呢？」

「也有可能當天晚上她愈想愈不甘心，想到這幾個月的交往，副總都沒對她做承諾，那天又陪上床，說不定事後她轉述給親友聽，別人為她打抱不平，替她出餿主意，想要勒索撈一筆；或是她向同事透露，剛好公司有人希望你下台，就利用她這顆棋子，爆出性騷擾的醜聞，達到公司解聘的目的；甚至你曾經得罪廠商，這位同事在業務部告訴廠商後，聯手修理你⋯⋯。」我從不同角度分析可能性，先弄清楚對方動機，再研究對治之道，較能對症下藥。

妻子聽了更震驚，露出不可思議的表情；倒是先生愈來愈清醒了，立刻回應，提供線索：「公司人資部門一告知我被申訴的事，我馬上撥手機問她怎麼會這樣，是不是要一筆錢？她沒接電話，到了晚上才回 call，哭哭啼啼地說我欺負她，她不是為了錢。現在回想起來，去年老闆要升我當副總時，其實還有另外兩個人選，其中一位協理上個月曾在幾次會議上公開與我口角衝突，聽說他對我的領導風格非常不滿，認為我搶走他升官發財的機會，他跟這個女同事走得很近，是不是他們聯合起來要整我？」

「這是有可能的，也許這位協理去年要升遷時，碰上你這個大石頭，擋了他的財路，一直心有不甘，這次遇上女同事與你上床，認為機不可失，藉由這回的性醜聞，把你拉下台，再拿一點好處給這個女同事，譬如一筆錢，或承諾等他當上副總另給她好職位，兩人都雙贏，何樂而不為？反正只是『性騷擾』，對於女方不至於有名譽上的傷害，於是女同事就配合演出了。」我嘗試推敲出可能的狀況。

「當然也不排除是女方單獨行動，日後提告要求鉅額賠償。不論是何種情形，在敵我不明的狀況下，你還不知道公司相關部門是敵是友，是不是要考慮先保護自己？如果你直接提出這樣的書面報告，本來女方手上沒證據，你等於自動交出自白書，她只要在調查會議上哭訴你利用權勢逼迫她上床，縱使性交不成，也有強制猥褻的舉動，那麼她無須進一步舉證，就達到『性騷擾』的申訴目的了。對了，副總，你們出遊那一天，她有錄音、錄影，或有其他人看到你們的親密動作嗎？」進一步重建現場，查證當時狀況。

「錄影是不太可能，因為如果錄影我就會有警覺了；有沒有錄音？我倒是不確定，至於現場有沒有別人看到？應該是沒有，因為她上車後，我漫無目的開了一段路，才決定上陽明山，那天是上班日，擎天崗上都沒有人，而那家溫泉賓館很隱密，車子開進去之後，在櫃檯 check in 就直接進房間，沒有第三者看到啊！」副總邊回憶邊敘述，我看著他，不時也轉頭看他太太，確定這些事實的敘述不至於太過刺激她。這段期間面對先生的外遇，一定對她有不少衝擊，她除了要整頓自己的打擊與心情之外，還要立即與丈夫併肩作戰，進行危機處理，真是難為她了。

「有沒有可能去調賓館的錄影帶，證明你們當時進去與出來時，女方都是出於自願，並無神色怪異，遭受強迫的狀況。」提醒當事人先做搜證動作，以備日後舉證的需要。

「問過了，賓館老闆娘拒絕，說是要保護客人隱私，除非警察或法院去調，他們才能給。」原來先生已經嘗試搜證了。

「好吧！那麼我們還是回頭討論如何面對公司及勞工局的調查。我建議副總如果要提出書面報告，儘量簡單扼要，毋庸涉及細節的敘述，免得引發後遺症，剛剛我們看的草稿千萬不要拿出去……」我話還沒講完，妻子立刻付諸行動，問道：「律師，乾脆就刪除那篇報告吧，因為這部手提電腦是公司的，萬一我先生突然被解聘，公司收回電腦，來不及刪除資料，還是會有後遺症。」

啊！怎麼樣的一位妻子啊！還來不及收拾自己受傷的心靈，就要披甲護夫，果斷地處置對先生不利的資料。她真的克服被背叛的傷痛了嗎？或者只是透過習慣性對丈夫的照顧來壓抑、逃避、掩飾傷痕累累的靈魂？

我點點頭回答：「是啊！先刪了吧，留著只是會流於別人攻訐的工具。」副總順從地打開電腦找到那篇報告，按下「delete」鍵，妻子還不放心，叮嚀回家後電腦要formate，才不會讓公司找到刪除的資訊。不知道副總聽了這番提醒，心裡作何感想？野花總比家花香，只是野花帶毒，一不小心就反噬自己！

看他們的表情，似乎對我提出「低調、簡單回應」的建議不太理解，於是我開始釐清情理法的道德與法律界限：「我認為接受調查時，副總只要簡要說明雙方出於自由意識，並無任何強迫或利用權勢的情形即可。因為當天下午出遊，你已請假，離開公司，並非是在職場區域範圍內，是否構成『職場性騷擾』，值得商榷！既然空間上你不在公司，而是在第三地；時間上是請假期間，並非在執行公務，因此你與女同事的互動可以解讀為私領域的私事，在隱私權的保護下，你並無義務向公司報告你們出遊經過的歷程或細節，公司在法律上也沒有權力向你探究個人隱私。公司只能針對收集到的人證物證進行調查，不能強迫你詳實報告，在刑事程序中，刑事訴訟法基於人權保障，都允許被告行使緘默權，拒絕供述犯罪事實了；更何況職場性騷擾是行政事件，你自然可以根據隱私權的保障，向公司強調這是請假期間私領域的事情。」

「那麼如果對方提到我對她做的種種動作呢？例如上賓館，我要不要承認呢？」副總問得更具體。

「可以承認啊！因為一概否認或迴避，可能會激起對方的反彈，招致更強烈的攻擊，不過只要輕描淡寫說有發生肢體接觸就好了，其他不用多提，免得引發對方藉題發揮。」我明確指出界限。

「律師，不瞞您說，之前我們也曾諮詢其他律師，他們只是解釋強暴、猥褻的刑事罪名不會成立，但是認為這件職場性騷擾有點危險，也沒告訴我們不用交代得那麼詳細。」妻子坦承其他律師提供的意見，副總似乎有點釋懷，但依然憂心忡忡。

我再進一步釋疑：「發生外遇時，對丈夫而言，全天下，你只要向你的妻子交代這一切經過即可，因為在感情世界你只須對另一半負責，毋庸向公司說明，除非已經鬧到影響公務，除了妻子之外，誰能管控你的感情世界、貞潔義務呢？只要妻子這一關過得了，你自己的良心能接納，所有的改過自新、懺悔坦白，都只是你與妻子要去做的功課，任何其他人都管不了，不是嗎？」

夫妻點點頭，再次確認開調查會是否有需要請律師陪同？我建議：「不用吧！在公司內部調查，就找律師列席，更顯得事態嚴重，你就請個兩天假整頓好心情，在調查會上說明三個重點：一、我們之間是男女之情，你情我願，沒有任何強迫或權勢因素;二、當天我請假,並沒有在公司發生任何不恰當的行為;三、這是我私領域的事,請公司尊重個人隱私。」夫妻臉色緩和多了,允諾回去商量後,再作最後決定。

送走了他們,我思索著今日的諮詢意見在法律上是站得住腳的,可是在道德上呢?此次如果順利地挽救先生的事業危機後,下一次他會不會歷史重演呢?也許我提供的法律建議最終保住他的職位了,可是感情上的不忠、虧欠呢?會不會因為這次的過關,而變本加厲?我是在幫當事人還是在害他呢?望著窗外風飄葉落,我也找不到答案。

家庭風暴中,如果妻子決定先「攘外再安內」,原諒丈夫的背叛,協助處理外界的大風大浪後,再回頭安頓自己,心裡的傷痕是否得以療癒?

母子法庭怨

在多年刻意地婉拒接辦家事案件後，一日突然接到大學同學的電話拜託幫忙親戚的家庭糾紛，第一個反應是推掉這種麻煩的案子，大學同學約莫了解這幾年我想退休的心境，語氣中帶著歉意，不死心地勸進：「我知道這兩年妳開始不接訴訟案，要為退休作準備，可是我這個親戚找了幾個律師都不滿意，他是很龜毛的人，我昨天跟他推薦妳之後，他上網查過妳以前辦案的判決，他認為妳可以幫他解決母子紛爭。妳就接了吧，也算功德一件，好嗎？」

老同學之間真的很難直接拒絕，只好破例答應跟當事人見面，然而仔細了解案情後，又開始猶豫了……

當事人是五十幾歲的上班族，在公司擔任中階主管，五年前父親往生，身為長子的他毅然決然把年邁的老母從台東帶上台北同住，先把多年前父親生前分產贈與給他的土地出售，再把母親住的祖厝房地賣掉，前者售得八百萬元，拿來買下台北住家隔壁的房屋，打通後讓母親居住，三代同堂；後者祖厝的價金五百萬元存到銀行，作為母親的養老金。

一切安排妥當後，母親開始適應北部的生活，上菜市場，到廟裡拜拜，跟孫子玩 iPad，三年多來和樂融融。沒想到半年前母親到姊姊家住了一個月之後，回來後性情不變，猜忌易怒，失眠失憶，送醫院診斷後，醫生判定母親有輕微憂鬱症及老年失智。這對孝順的夫妻悉心伺候，老母病情緩解，但在一次浴室滑倒手臂骨折，姊姊接去住兩週後，母親一回家就要求土地還她，銀行帳戶的存款匯到她戶頭，不明就裡的兒子向母親解釋土地是當年父親生前贈與給他，三年多前已出售，無法過戶還她，而銀行存款則扣除三年多來的生活費、醫藥費，餘額四百萬元匯到母親帳戶，失智的母親居然當日下午自己跑到銀行把四百萬元轉匯給女兒。

當事人經銀行行員事後告知，才得悉是姊姊一手主導，怒不可遏，立刻衝到姊姊家理論，姊弟惡言相向，破口大罵，原來姊姊對於當年父親只分產給兒子的做法，極度不滿，認為父親重男輕女，多年後，透過母親的配合匯款，除了將現金四百萬元據為己有後，還要求弟弟將父親贈與土地的買賣價款八百萬元均分，一半要彌補給姊姊，以示公平。

「律師，妳說我姊姊是不是很過分?!當初這是先父的意思，南部鄉下的風俗習慣每一家都這麼做，又不是我強迫老人家把土地送我；這麼多年來我也盡到長子的責任，父親生病住院一年，都是我跟太太回台東輪流照顧，後事也是我全部包辦，姊姊從二十多年前出嫁後，就不管家裡的事，她認為嫁出去的女兒潑出去的水，不必為『後頭厝』（娘家）負擔任何責任，那現在為什麼回頭要來分財產？而且用這種差勁的手段，挑撥我跟媽媽的感情，說了我一堆壞話，害得媽媽回來都一直罵我、怨我太太，也不跟我們一起吃飯，說媳婦煮菜會下毒，我出錢請外勞來照顧她，她都把人家罵走，現在姊姊又慫恿她來告我。律師，妳看這張傳票上面原告是我母親，被告是我，到時候開庭我還要開車載她去法院告我，這不是天大的笑話嗎？我媽媽根本不識字，這份起訴狀她哪看得懂，還不是我姊姊幫她找律師、寫狀子來告我，真是荒謬！」當事人氣呼呼地陳述往事，一邊拿出一份份法院文件，一邊感嘆姊姊在幕後操控，造成今日母子失和的局面。

「咦！這張調解通知單日期已經過了，你們有去調解嗎？結果如何？」眼見當事人如此激動，再加上案情迂迴曲折，他確實受到委屈，於是翻閱他攤在會議桌上的文件，詢問案件的進度。

「不瞞妳說，上禮拜我拜託公司的法律顧問陪我去開調解庭，沒想到說沒兩句話，我的律師就跟調解委員吵起來，批評調解委員處事不公，後來又跟我媽媽的律師槓上，對方律師火冒三丈，提出的調解條件一直不退讓，最後就破局了，法官才會訂下下禮拜開庭。」

「怎麼會吵起來？你們這種母子訴訟，調解委員應該會極力協調，儘量不要讓你們母子對簿公堂呀！是條件談不攏嗎？對方律師要求多少和解金？」不知不覺職業性的好奇心，我也逐漸進入這個案件了。

「沒錯！調解委員很用心地協調，糟就糟在我請的那個律師，大概平時都是代表公司出庭，比較高姿態，加上我媽媽重聽，看到我的律師的強硬態度，以為在罵她，我媽媽就開口教訓我的律師，又指著我的鼻子說我去哪裡請的爛律師！場面就失控，各方開罵，亂成一團。律師，我覺得妳比較溫和，不會像上次我的律師，太衝了，我想妳來幫我處理這個案子應該會很適合。」

「可是依起訴狀的描述，跟你剛剛的說明，這個案子調查下來可能在一審就會拖很久，因為對方要求傳訊里長作證，又要請法官去調你跟母親的銀行帳戶，還要發函到台東的地政事務所查明當年土地贈與及後來買賣過戶的經過，加上你要反駁對方的指控，也要傳訊證人，包括你之前提到精神科的醫生，還有看護跟你的太太、兒子，這一路查下來，可能到明年還不能結案，因此委辦案件費用部分會比較高，縱使考慮到同學介紹，打折給你，至少一審也要收到十二萬元，你是否乾脆自己出庭，我幫你寫書狀，法律觀點都交代在書狀上，你出庭只要陳述事實就好，這樣就便宜多了。」一想到日後母子同庭爭訟的傷神傷情，我仍試著抬高價格，企圖讓當事人知難而退。

「律師，妳在開玩笑嗎？連這一份起訴狀的一些用語我都看不懂了，我自己出庭，法官問什麼我可能連聽都聽不懂，沒兩下子我就輸掉了。費用不是問題，只要妳願意接，我明天就把錢匯進來。」當事人很堅定，絲毫不在意我的收費比一般律師事務所高了一些。

看來價格勸退不了，再建議他勸服媽媽撤回此案：「媽媽既然還跟你一起住，見面三分情，儘量柔性勸說，請她撤回這個案子；倘使她對你成見很深，你也可以叫你兒子、女兒多陪陪阿嬤，在她心情好的時候答應撤回。這樣吧！我先幫你撰擬答辯狀，你們全家人努力說服媽媽回心轉意，解開心結，如果開庭前可以撤回，我趕緊幫你們準備撤回狀，請你媽媽蓋章送法院，如果行不通，我們開庭前再來討論，好嗎？」

當事人見到我初步願意幫他撰擬答辯狀，就大為安心，允諾回家努力說動母親撤回訴訟。我在答辯狀上引用民法第四一六條及最高法院決議的見解，反駁對方主張撤銷當年土地贈與，並解釋母親的養老金五百萬元扣除一百萬元的原由及證據，送到法院後，就等當事人的消息了。

結果事與願違，母親堅持不撤告，法官寄發開庭通知，看來勢必兵戎相見了，開庭前夕，當事人來事務所討論案情，我分析訴訟策略及出庭因應方案：

「這個案子我們是被告這邊，原則上我方的答辯是不接受原告的所有訴求，法律上的理由我都詳細寫在答辯狀上，明天開庭我會具體向法官說明。由於這種案子是母子的家庭訴訟，加上你母親年歲老邁，法官通常會比較同情母親這一方，所以雖然原告的訴求是無的放矢，為了不要刺激法官偏袒原告，我建議我們在法庭上儘量低調、身段柔軟；而不要理直氣盛，大力抨擊對方，否則法官對你這位做兒子的，會有不良的觀感，以後在審理程序上，就不一定對我們有利……。」

當事人神情凝重，說出昨晚的意外：「律師，昨天晚上又發生一件意外，我媽媽跌倒，腳扭到，要坐輪椅去開庭了，法官看到這種情景，恐怕又更同情媽媽那邊，更覺得我是不孝子了！」

「啊！怎麼回事？怎麼老人家突然跌倒，會不會很嚴重？」我著實有點驚訝，難怪當事人一走進來，我就覺得有點不對勁，這個變數應該會衝擊訴訟，法官一旦提高對原告的同情，我們在法庭上的說服工作就會倍增艱辛。

當事人搖頭嘆息，臉上布滿不捨與無奈，一旁的妻子先代他說道：「可能是案子要開庭了，我婆婆這幾天一直焦躁不安，我先生又持續跟她講和解的事，請她撤回官司，我先生說願意給她兩百萬的現金匯到她的戶頭，她本來有答應，律師您那天幫我們準備好的空白撤回狀，我婆婆本來要簽了，後來她想一想又打電話給我大姑，掛斷電話後又說不要和解了，昨天一整天吵著要去大姑家，我先生想說她一定是要跟姊姊去見律師討論明天出庭的事，就不想讓她去，我婆婆很生氣，待在臥室不出來吃飯，過一下下聽到砰的一聲，我們衝進去才看到她要上廁所，不小心腳扭傷了，立刻載她去醫院掛急診，在急診室，我婆婆一直罵我先生說是他害她受傷的，堅持叫我大姑來載她去大姑家，我先生阻止不了，昨天深夜我婆婆就去住我大姑家了。」

當事人再補充說：「其實我媽媽腳傷不嚴重，慢慢走也可以，只是我姊姊一定會出主意讓媽媽坐輪椅到法院，博取法官同情。」

我想像著母親焦急要去與女兒商量出庭的事，又不能如願的心情，導致焦慮不安中的受傷場景，唉！母親受苦，兒子也難過，卻是要到法院理出親情爭訟的曲直，我不禁感嘆地告訴當事人夫妻：「你這個案子最難的還不是法律觀點的建立或舉證，而是法庭中親情的煎熬，你身為兒子，面對老邁受傷的母親，毫無攻擊反抗的機會，等於廢了武功，我們真的要很誠懇、低調，不要疾言厲色、盛氣凌人，才能讓法官正視我方的主張。」

第二天開庭十分鐘，在法庭外的長廊上看到一位白髮皤皤的老嫗端坐在輪椅上，歷盡滄桑的臉昂然不屈，眼神堅定地望向前方，我先向庭務員報到後，坐在法庭外的黑椅上，好奇地看著這位老婦人，想必她就是當事人的母親了，凝視她剛毅的臉龐，心裡尋思著：她需要多大的勇氣與決心，才能聽從女兒的意見到法院來告自己的兒子呀；又需要多少的偽裝，才能無情地在法庭控訴親生兒子的不孝與惡行啊！

我攤開案件的卷宗，卻一個字也看不下，目光不由自主地投向坐在輪椅上的原告，她卻一動也不動、定定地坐著，突然當事人夫妻出現在長廊上急忙地走過來，原來他太緊張，跑錯法庭，我示意請他走向母親問候，他這才看到柱子旁的輪椅，快步走到母親旁邊身子向前傾，婉言問老婦人會不會冷，早上吃藥了沒？老婦人神色漠然，臉刻意別向他方，兒子呆立片刻，聽到庭務員呼叫原告、被告名字，只好與我一起走進法庭。

當事人坐在我旁邊，心緒不寧，一下子看看法官，一下子看看母親，老婦人的輪椅被看護推到她的律師旁邊，法庭中母子咫尺相距，卻是敵我陣營對壘、短兵相接，母親依舊不動如山，絲毫未與兒子四目相視，真是固執的老人啊！

審判長是經驗豐富的資深法官，開庭前顯然做過功課了，對於原告及被告兩造的主張了然於胸，在問完原告訴之聲明及被告答辯聲明後，確認兩造的法律理由如書狀所載後，先進行程序事項，開口問原告律師：「被告主張原告不識字，不了解起訴狀內容，起訴事實並非她的本意，原告訴訟代理人有何意見？」

原告律師立刻作答：「審判長，關於起訴狀內容我都有念給原告聽，她同意後才蓋章的。」

我立刻反駁：「起訴狀很多事實記載都超乎原告的生活經驗，請審判長當庭詢問原告。」

法官轉向老婦人問她的意見，原告律師轉述給老婦人聽，我即時向法官請求：「原告重聽，剛剛法官的問話她沒聽到，請法官直接問原告，勿透過律師轉述，對方律師方才有加上他個人的意思，誘導原告。」

法官說：「請將原告推到前面應訊台，我直接問她。」看護遵旨將原告輪椅推到法官面前，法官大聲地以閩南語問老婦人：「妳是不是要告妳兒子？要告什麼事？律師有沒有把起訴狀內容念給妳聽？」

老婦人稍微傾身向前，回答：「法官大人，我耳朵輕，請你講大聲一點，我聽不清楚。」

法官提高音量複述，老婦人點點頭，像背台詞一般說：「我要告我兒子兩件事，叫他把土地還我，把我的錢四百萬加利息還給我！」

我起身再請求審判長詢問老婦人幾項起訴狀敘述的細節，可以明瞭原告失智妄想，絕對不可能理解起訴狀內容。

審判長開始面露不悅之色，說道：「被告訴代，我必須告訴妳，法官並非精神科專業醫師，無法當庭鑑定原告的失智狀態，如果被告要以原告精神疾病為由，主張起訴不合法，請另向法院聲請宣告禁治產，目前訊問原告，已經可以確定起訴的事項，起訴程序部分完全合法。」

我沒再發言，免得激怒正在醞釀怒氣的法官，自找麻煩。法官接著進行實體事項的調查，詢問原告針對訴訟上的主張，有何舉證？原告律師恭敬地回答：「報告審判長，我們已詳列在起訴狀及前天提呈的準備書狀上。」

我立刻表達不滿：「原告的兩份書狀只是敘述事實，並未充分舉證，除了土地過戶的異動表及母子關係的戶籍謄本之外，其他事項都是道聽塗說，未善盡舉證責任。」

審判長看來情緒已然平復，因此心平氣和地告訴原告律師：「原告提出主張認為被告未盡法定撫養義務，因此依法可以撤銷土地贈與，不過這一點被告已提出最高法院的判決及司法院解釋推翻了。關於撤銷贈與部分，原告還有其他舉證嗎？」

原告律師敬謹地回答：「我們會具狀提出，因為被告盜蓋原告印章，遷移原告戶籍，涉及偽造文書……。」

我又抗議：「審判長，這個案子從七月原告起訴，歷經調解不成立，到今天開庭，已經四個多月了，被告的答辯狀早在九月初已提出，為什麼原告拖了兩個多月還提不出其他的撤銷贈與的理由與證據，顯然企圖延滯訴訟。」

法官轉向原告諭示：「原告必須在兩週內提出證據，否則本院將以延滯訴訟之原因駁回原告逾期提出的證據。」

原告律師瞪了我一眼，再向法官表示知悉庭諭。

法官翻閱卷宗稍許時間後，問起兩造和解的意願。原告律師搶先說明：「我方一直希望和解，可是被告欠缺誠意，土地也不還，母親的存款也繼續扣著，所以我們才提告。」

法官轉過來看看被告，語重心長地開導：

「這個案子對我而言只是工作之一，對你們兩造而言，卻是母子親情的訴訟，可預見的未來三年，你們不斷地出示證據，尋找家人作證，可能又衍生對方主張偽證的問題，一個案子變成三個案子，母子都在法庭見面，這是你們期待的天倫場景嗎？對兒子而言，父母親養育之恩，縱使你把所有土地財產送給或還給母親都不為過，何必為這些身外之物，跟母親過不去？母親年紀這麼大了，坐在輪椅上到法院來指控兒子的不孝，情何以堪？在天之靈安息的父親看到了又做何感想？你還年輕，在職場上有謀生能力，何苦為了錢財之事，與母親對簿公堂，『子欲養而親不待』，多少人想要孝養母親已經苦無機會，你忍心把天倫之樂轉變為法庭的折磨嗎？趕快回去好好安撫母親，雙方儘量談成和解，在年底前撤回這個案子，母子在過年時才能好好團圓。」

當事人聞之立即回應：「審判長，您誤會了，我也不想到法院來，這個案子是我母親告我，她已經失智多年，我父親過世之後，都是我這個長子在照顧她，當初是我父親的意思，叫媽媽把名下的土地贈與給我，當作分產我應得的一部分，我媽媽也同意，現在是因為姊姊慫恿她老人家，母親失智多年，姊姊不幫忙照顧，卻挑撥我們母子的感情，我真的很痛心，我真的不想事情變成這樣，我已經失眠好幾天了……。」

聽到當事人有點哽咽，無法繼續言語，我接著補充：「審判長，這個案子八月份當事人就來找我委任接辦，可是我一直勸被告要設法和解，不然上法院母子都不好受，剛剛審判長一席話，我非常認同，所以我一直沒送出委任狀，總是希望被告盡力與母親談妥和解，撤回本案。不過我觀察了三個多月，發現有幾次原告都同意和解了，是原告的女兒從中作梗，對於多年前父親重男輕女的分產方式耿耿於懷，認為女兒沒分到不動產，心理不平衡，才極力誘導失智的老母親提告，因此如果這位幕後的藏鏡人沒出現，和解會不斷破局，懇請審判長下次庭期傳訊原告的女兒出庭當場三方洽商和解，此案才有可能解決。」

法官詢問原告律師：「被告訴代的說法是事實嗎？原告的女兒是否介入本案，下一次開庭可否請她出庭？」

原告律師立刻否認。真想捶他幾拳，睜眼說瞎話，難道他為了賺取律師費，忍心見到母子失和繼續纏訟?!

法官看了原告律師一眼，心知肚明，可是礙於民事訴訟程序採取當事人進行主義，法官無法依職權介入太深，只好叮嚀兩造律師盡力協助當事人推動和解後，宣布退庭。

走出法庭，看護推著輪椅，老婦人依然臉色嚴肅、肌肉僵硬，當事人亦步亦趨跟著，想要再與母親對話，母親只回過頭來斥喝一句：「你錢還來，不然我告到底！」當事人止步，不知如何回應，只能佇立一旁，望著律師陪著老婦人離去。

寒風細雨中，當事人望向輪椅中母親的背影，默然許久，我站在法庭出口的騎樓下，也不知要如何安慰他了……。

第二次開庭，失智老母喚來女兒到庭作證兼助勢，這位長姊經年累月與我的當事人不睦，聽說兩人已經拒絕往來許久。姊弟失和，法庭見面，氣氛分外火爆，姊姊坐在證人席上，咬牙切齒述說往事，與其說是出庭作證，倒不如稱之為數落胞弟罪狀，更為適切；法官只問三句話：「原告說被告好幾次將她趕出家門，妳知道這件事嗎？請敘述事實經過。」

姊姊卻是長篇大論，慷慨激昂抒發不滿：

「我這個弟弟真的很不孝！去年五月有天清早，我就接到媽媽的電話，說她馬上要來我這邊，我問她發生什麼事，她說弟弟趕她出去，她不想住弟弟家了，我就說：好，妳搭計程車過來。可是等了一個小時沒看到人，打電話又沒人接，我很著急就開車趕到弟弟家，可是我不想進去，因為上次進門發生不愉快，我在門口叫母親，等了很久，大門終於打開了，門縫中看到警察也來了，事情好像鬧很大，我等了好一會兒，弟媳婦出來跟我說，媽媽累了要休息，不出門了，我就回去了。」

法官說：「證人妳慢慢講，不要激動，我讓書記官把妳講的話記下來。」姊姊停了下來，看著電腦螢幕，再重述書記官沒打完的證詞，此際我的當事人已經情緒高漲，十分憤慨，頻頻舉手，法官制止說：「被告，你先不要講話，讓證人全部講完，我會請你表示意見。」當事人焦急地小聲問我：「律師，可是我怕等一下就忘記要講什麼了。」我立刻遞給他紙筆，要他先寫下來。

證人繼續發飆：「我弟弟趕我媽還不止一次嘞！後來過三個月，我媽媽被他氣得受不了，不但不煮飯給我媽媽吃，也不幫她洗衣服，更過分的是居然在房間、客廳裝監視錄影器，要監視我們母女的講話，那一陣子我常煮東西去給我媽媽吃，有一次媽媽指一個角落給我看，說有東西一閃一閃，不曉得是什麼，我走近去看才發現是監視錄影機的鏡頭，我媽媽知道了很生氣，就用拐杖打下來，拿去派出所報案，法官如果不相信，可以問派出所的警員，我那次有陪媽媽去作筆錄。」

當事人聽完，又止不住心中的怒火，就起身要發言，我趕緊拉他坐下，免得又引發法官不悅。

法官問：「證人妳剛剛提到被告有再趕妳母親出門，是什麼情形？」

姊姊說：「噢！我還沒講到那裡，就是報案之後隔一個禮拜，我媽媽就跑去朋友家住十天，再來我這邊住，我去接她來的時候，才知道她被我弟弟全家虐待，受不了，被趕出去，走投無路，才臨時去朋友家借住。法官大人，您說我這個弟弟是不是很夭壽！明明分到那麼多財產，錢一到手，真面目就跑出來了，根本不想撫養媽媽，真是天底下最不孝順的人！」證人狠狠地瞪了我的當事人一眼，還好當事人正巧轉過來跟我解釋那次母親出走的原因，沒看到姊姊凶狠的眼神，否則姊弟鬩牆，說不定演出法庭案外案。

證人陳述完畢，法官依程序詢問兩造對於證詞有何意見，有無問題要詢問證人？原告律師表面恭順地表示：「證人所述皆是事實，我們沒有意見。」他坐下時那抹眼神看得出來難掩得意之色。

法官轉過來問被告：「梁先生，你剛剛一直舉手要發言，現在可以講了。」

當事人站起來，劈頭表示：「我姊姊都亂講話，我從來沒有趕媽媽出去，父親過世後，我就接母親上來台北住，最初生活都很安定，後來這幾年媽媽稍微失智，腦筋有些不清楚，加上姊姊對於父親生前財產沒分給女兒非常不平衡，就常常在我媽面前挑撥離間，弄得我媽媽開始疑神疑鬼，三餐也不敢跟我們吃，說我太太煮菜有下符，會毒死她，又說我要侵占她的老本，搞得全家雞犬不寧。」證人冷冷地哼了一聲，表達不屑。

法官再問：「被告代理人有問題要問證人嗎？」

我點頭回答：「有的，請問證人剛剛提到被告有兩次要趕原告出門，妳有在現場親眼看到或親耳聽到嗎？」證人一時意會不過來，反問說：「為什麼要當場聽到、看到才算數？我媽跟我講還不行嗎？」一邊講情緒邊帶出來，使人不禁懷疑她是來演戲或是來報仇——刻意醜化胞弟，好讓弟弟官司慘敗！這時我必須特別小心，以免捲入這家人的親情風暴中。

我平靜地回應：「證人出庭作證是要陳述『所見所聞』，如果聽別人講就屬於『傳聞證據』，法官是不會相信的，妳剛剛都說聽媽媽講的，原告罹患老人失智症，我們有提出台大醫院的診斷證明書，相信妳是她女兒，一定也很清楚原告精神狀態及意識並不穩定，妳轉述她的講法是不能當證據的。」

原告律師立刻抗議：「審判長，異議！請被告律師針對問題提問，不用對證人訓話。」法官還沒開口，證人就反嗆說：「法官，您看我媽媽有精神不正常嗎？她現在不是腦筋很清楚嗎？不然，律師妳可以問她本人呀，看我剛剛說的對不對?!」

太好了！正中下懷，我本來就想製造原告與證人對質的情境，這下證人幫我鋪路了，我順勢請示法官：「審判長，可否容代理人詢問原告兩個問題，以與證人對質？」

法官點頭後，我朝向坐在輪椅上的原告，開口大聲發問：「歐巴桑，我講台語要請教您，聽得到嗎？」看到老婦人點頭，我開始第一個問題：「您媳婦煮飯為什麼您不吃？」

原告忿忿不平地回答：「她有下符水，要毒死我，我知道，就沒吃；我兒子吃下去了，就變成今天這樣呆呆的。」

書記官與庭務員聽了強忍笑意，法官專注地看著原告，問她：「原告妳怎麼知道媳婦有下符水到菜裡頭？」

老婦人毫不思索地回答：「我老伴前一個晚上託夢跟我講的，還好我沒吃，不然早就去見我老伴了。」

書記官滿臉猶豫，不知道這一段敘述要不要打字輸入電腦筆錄中，我立即要求法官如實記錄，心底盤算著日後這一段違反常情的話語就可以作為原告失智的證明。

我再追問：「方才您女兒提到有一天早上，您兒子要趕您出門，您有打電話給她，還記得怎麼一回事嗎？」

老婦人想了一下，說：「有啊！那天早上我起床到客廳就覺得有人一直要往我身上潑水，我叫我兒子把他趕走，我兒子不相信，說我『陷眠』，我很生氣就說我要走了，他說會叫救護車來載我去醫院掛精神科的急診，我罵他是他起肖……。」

我不解地問：「為什麼被告叫救護車，妳就罵他？」

老婦人說：「他一定是要叫救護車把我載去丟掉啊！想也知道，我才沒那麼笨呢！」我沒再繼續問，這些答案已經可以證實原告的失智症狀了。

法官似乎想到什麼，翻閱了卷宗之後，問老太太：「原告妳有同意被告每個月從妳的存款中領錢支付生活開銷及醫藥費嗎？」

老婦人拚命搖頭，說：「當然沒有，兒子大了就要養我，拿我的錢來養我，這怎麼算孝養我？」

法官請被告說明每個月扣抵生活費兩萬元作為返還保管款項之抵銷的根據，我的當事人說：「我們兄弟討論好的，後來也有告訴媽媽，她也同意啊！現在到了法院就全盤否認了，我也很無奈。」

我默不作聲，此刻多說無益，因為當事人的說辭欠缺證據支持，我再強調也無濟於事，只是會引發審判長的反感，這個案子開庭迄今，他的態度似乎傾向原告一方，除了同情年邁衰老的原告之外，還維持傳統孝養父母的觀念，也就是子女應該透過自己的能力奉養父母，而不是用父母的積蓄來支付生活開銷。倘使我的理解沒有偏離法官的心證，此刻我方若大力主張原告曾經同意以自有存款支付生活費，恐怕招致法官反感，對於被告印象更差，因此盱衡法庭局勢，目前保持沉默，最為安全。

法官又問原告律師：「關於你們主張被告擅自裝設監視錄影一事，報案後有無提起妨害祕密的刑事告訴？」

原告律師答稱沒有，我連忙補充：「審判長，這一點原告有所誤會，被告會裝設錄影器是因為被告與妻子都是上班族，白天沒人在家，原告年紀大了，膝蓋不太好，曾經跌倒，被告只好加裝監視器，透過手機監看系統可以觀察原告居家狀況，以免發生危險，無法及時救助，後來找印尼看護來照顧她，擔心外勞手腳不乾淨或對原告沒盡心照顧，所以繼續裝監視系統，絕對不是要監視誰，證人剛才作證講的都不是事實。至於『報案』也是誤會，被告有向警員解釋，案子並未提告或移送法院。」

法官看了一下時間，已經開庭三個小時了，宣布退庭，並且諭知如下一庭沒有其他證據提出，這個案子就進行言詞辯論。

當事人在妻子陪伴下走出法庭，疲累不堪的神色明顯可見，而我雖然身體撐得住，但是法庭中母子對峙，面對「孝順」的議題卻令我在訴訟代理人席上如坐針氈，難以安心。在回程的車上，止不住的思緒思索著：倘使這個案子當事人兒子這一方勝訴，老母親情何以堪，餘生如何度過？還能繼續住在兒子家雙方相安無事，樂享晚年嗎？反之，如果母親勝訴，兒子日後會心甘情願地孝養曾經對簿公堂的老母親嗎？這個難解的法律習題，令人煎熬啊！

一個月後，雙方都沒再提出新的主張或證據，法官如期進行辯論程序，並訂三週後宣判。走出法院，當事人不放心地問：「律師，妳覺得法官會怎麼判？我會輸嗎？我看法官好像對我不是很友善啊……。」

我安慰他說：「不要想太多，我認為判決結果應該會是一半勝一半敗訴。土地贈與的部分原告推翻不了，因為我們提出民法規定及最高法院的判決，法官應該會接受我方的立場，倒是你母親存款的部分可能會判要還她，至於金額多少就很難說，要看法官認為可以扣抵的費用是多少。」他聽了落寞地走向停車場，離開法院。

望著他的身影，其實我還有一段話放在心上：「扣抵的費用也要看法官對於現代子女孝養父母的觀念如何，法官所謂的『孝順』與『奉養』如何界定。」刻意沒說出來，是考慮到訴訟中的當事人特別敏感，易受傷，如果明講，當事人可能會聯想到律師或法官覺得他不夠孝順！當事人打官司已經備受煎熬，何忍再批評他，讓他承受二度傷害！雖然接辦這個案子，自己也承受良心的譴責——幫助兒子來與母親對立，明知這是律師接案的職責，依然在傳統勿違逆長輩的思想下掙扎。

最終收到判決書，果真當事人一部勝訴，一部敗訴，法官認為母親對兒子的土地贈與仍有效，無庸撤銷，至於母親原本委託兒子保管的存款扣除醫藥費，其餘全部須返還原告。

讀完判決書，不知為何，我突然安心了不少，雖然我方沒有全部勝訴，但是敗訴的那一部分卻讓我有一種彌補這件母告子的訴訟中對於母親歉疚的心情，這是很奇特的感覺，執業二十幾年以來，第一次感受到敗訴判決的療癒效果……。

平靜了兩週後，法律規定二十天的上訴期限即將到來，我又有些許不安，當事人雖然明白表示不上訴了，可是萬一對方針對判決第一項駁回土地贈與撤銷無效的部分上訴，這個案子依然無法了結，當事人還是得到高等法院繼續與年邁的母親對簿公堂，我也必須再經歷一審開庭相同的煎熬啊！除非二審拒絕接辦這件上訴案，才有可能完全脫離這個案子；可是萬一我婉拒當事人的委託，他另外找別的律師，又把事件鬧大，或者節外生枝、衍生案外案，豈非白費了我這一年多鋪陳的基礎與苦心……。

就在舉棋不定、多方推測中，當事人來電說他收到媽媽請律師寄的存證信函，要求三日內付清判決的款項，否則要查封他的財產，語氣中有點著急地問：「律師，法院真的會來查封我的房子嗎？這封存證信函一定是我姊姊叫律師寫的，她一心一意要我媽媽跟我討錢，她才能拿到這筆錢，真是可惡！」

「如果是你姊姊在策畫，是有可能委託律師聲請強制執行。你上次不是說要跟媽媽商量，如果你跟媽媽講好，把錢存入她的戶頭，應該就不會叫律師處理了。」我回想上次他收到判決的結論，提醒他付諸行動。

「有啊！上次跟妳通過電話，我就有找機會好好跟媽媽溝通，可是她就是『番番』，有時候答應了，隔一天又說錢太少，她不要；所以上次律師教我要給她簽一份同意書，免得媽媽以後失智症愈來愈嚴重，忘記我有還她錢，姊姊又趁機挑撥叫媽媽來告我，就慘了，可是媽媽都不簽，我不曉得怎麼辦！」他憂愁地說。

「這樣喔？實在有點難處理，不然，這樣好了，你先打電話問法院書記官看他們有沒有上訴，如果已經上訴了，和解付款的事就不急，因為案子到了高等法院可能會有變化，判決還沒確定，他們也不能去查封你的財產；如果媽媽沒上訴，你就把握時間好好安撫媽媽，希望儘快談妥，我估計他們律師拿到一審判決確定證明書聲請強制執行，也需要三個禮拜的時間，你就利用這三個星期趕快處理吧！」給當事人明確的處理方式及時程，讓慌亂焦急的他比較能定下心來採取行動。

「謝謝律師建議，我立刻去做，看怎樣再跟妳聯絡。」他聽懂了，立刻知道下一步的動作。

過了幾天，當事人來電告知對方沒上訴，他會儘速與母親協調付款，並且表示為了慎重，拜託我跑一趟汐止，親自到他家幫他們母子和解見證。雖然心裡覺得麻煩，最後還是答應了，事情總要圓滿結束，好人做到底，送佛送上西天嘛！當事人特別講明等他們母子談妥再來電請我立刻驅車前往他家，當場見證簽署和解書，免得母子沒喬好，白跑一趟。

沒想到當事人指定的下午在辦公室空等了三個小時，遲遲未接到他的通知，下班前當事人來電說：「律師，還是沒談成，媽媽一直在『魯』那塊土地的事，還說萬一我還她的錢，她都花光了還沒死，怎麼辦？我說我一定會養她，她不相信，說我只會挖她的財產。簡直莫名其妙！這麼多年還不是我一個人在養她，我弟弟、姊妹都閃很遠，她也不想想，真是不可理喻！律師，不好意思，今天下午讓妳等這麼久，這件事只好暫緩。」

唉！我能說什麼，老人家有她的恐懼與憂慮，當事人也不能強逼，官司好不容易結案，這最後的關卡還得要妥善處理。

過兩天是週末，正在家裡下水餃、煮湯圓、切水果，準備全家的午餐時，當事人十萬火急來電央請我立刻到他家，說是媽媽突然願意簽和解書了，他解釋原委：「前天晚上媽媽突然四肢無力，不能動彈，嚇壞了，以為中風了，我們全家七手八腳把媽媽抬上車送到醫院掛急診，不眠不休照顧兩天，媽媽看在眼裡，大概感觸很深吧！加上我姊姊昨天來看她五分鐘就託辭離開，媽媽更是感覺得出來誰才是會陪她到最後的人。昨天下午出院回家，早上起床就跟我說和解書拿出來辦一辦吧。」

當事人母親回心轉意，他又怕夜長夢多，我只好匆匆嚥下幾顆水餃，拿了判決書及律師章就衝出去，跳上車才想到，當事人的母親上回出庭時對我不太友善，今日貿然前去，是否會願意讓我見證和解，或未可知，可別碰了個軟釘子，和解書沒見證成，就被轟出門來，趕緊撥電話詢問當事人，他爽朗地說：「律師，妳忘了我媽媽有失智症?!她早就忘記妳了吧，而且今天是在我家簽和解書，妳又沒穿法袍，她不可能聯想到法庭那一幕的。」

好吧！算我多心，當事人母親能夠忘了我的面孔最好，否則法庭中對律師的怨怒遷移到法庭外的和解場景，真是尷尬！這也是律師的無奈，在法庭攻防中，對造當事人的情緒無處宣洩時，常會轉嫁到我們律師的身上，律師身為「代言人」，經常無法避免這種另類職業傷害。

計程車還沒停妥，我坐在車上，遠遠就看到當事人在一樓大門口焦急地等候，我一下車透過當事人的敘述，稍微了解屋內狀況，就直接進入客廳，檢查和解書及當事人簽發之支票後，向當事人點頭示意可以進行了，當事人才走到臥室帶母親出來，準備要簽署和解書。

沒料到老婦人一走出來，抬頭看到我竟然勃然大怒，不滿地對她兒子抱怨：「怎麼又是這個律師？我不要，換別的律師……」當事人愣住了，萬萬沒想到母親還記得律師的長相，我坐在沙發上走也不是，開口解釋也不是，一時之間，客廳空氣彷彿凝結，當事人趕緊安撫板著臉孔的母親，說只是請律師來見證，並不是要上法庭理論，而且這個律師辦過這個案子，比較了解，只需要一會兒功夫就好……，終於說得讓老婦人願意坐下來，不過她的臉始終沒朝向我這邊，訴訟期間我幫她兒子在法庭攻防，害她打輸一半的官司，應該還懷恨在心吧！

當事人拿起和解書從頭至尾念誦給老婦人聽，他知曉母親眼睛不好，無法閱讀文件，於是一字不漏地念完後，母親只問一句話：「你說要還我二百五十萬元，如果這些錢花完，我還沒死，怎麼辦？」這句話問得實際，聽起來卻覺心酸，話語之間恐怕涵蓋了所有老年人的恐懼，人生旅程誰能算得那麼精準，積蓄耗盡剛好辭世，其實老婦人真正想問的是：「到時候我沒錢了，你還會照顧我嗎？」

知母莫若子，當事人立刻洞悉母親的疑懼，拍拍老母的手背，大聲下了承諾說：「妳放心，我們全家人都會照顧妳的！」老婦人似乎寬心了，仔細看了支票，就同意簽名，同時交代一旁的孫子幫她蓋章，當事人接著簽章，我檢查無誤後，在見證律師欄位用印後，手續完成，大家都鬆了一口氣，總算事情圓滿了。

當事人扶母親回房休息後，送我走出家門，同時遞上一個紅包，感謝我週末及時趕來，讓他了結這段母子對簿公堂的痛苦時光，臨上車前，我告訴他：「親人在法庭相見，既難堪又心碎，幸好你們只經歷地方法院一審就結束，今天和解付款也能讓媽媽安心，曉得日後的歲月有你們相伴，老年人要的其實不是錢，而是親情的滋潤與生活的照料，只是當她的積蓄沒能握在手上時，安全感大失，又聽信姊姊的讒言才走上法律途徑這條路，經過一年多的折磨，她也兩度上法庭為自己的立場發聲，深刻醒覺親情應該回歸家庭來交流積累，法庭只是會耗損親情，今天才有辦法順利和解，這是圓滿的結果，希望你們一家人從此平安順心！」

上了車，回程的心無比輕盈，突然覺得擁有一個美麗的週末，真好！

有些人註定生命中一定要遭逢數度親情傷痛，遍體鱗傷後，才會醒悟看透，知曉「怨恨」是無法解決問題的，只有「愛」與「包容」才能解開人世間的糾葛與感情的纏縛。

銀髮閨怨

週末正與女兒守在電視機前，看著《文茜世界週報》新聞節目，深入分析近日香港「占中」抗爭運動，從英國殖民時期到六四天安門事件，再進入一九九七回歸中國的各歷史階段，剖析香港民眾對於民主的渴求及抗爭遊行。電視畫面從天安門的坦克車與數日前香港警察的催淚瓦斯，場面令人心驚膽顫，突然擱在客廳桌上的手機響了，女兒趕緊遞給我，一看手機螢幕顯示「+86852-」，來自香港的區域號碼，心頭一緊，莫非住在香港的當事人參加「占中」活動出事了？可是後面的號碼又不像是他的手機號碼，接通了電話，傳來陌生的聲音：

「沈律師，您好！有位電影製作公司的製片介紹我來向您諮詢法律問題，是關於遺產分配及遺囑的問題，不曉得下週是否有空，我從香港飛到台北來拜訪您。」客氣地說明來意，聽得出來是位有教養的中年女士。

「您好！下禮拜三或四，我的時間沒問題，早上或下午都可以，請您班機訂了再告訴我具體來台時間。噢！對了，這幾天香港的『占中』對機場交通有沒有影響？搭機沒問題吧?!」既然是老客戶介紹的，當然沒有理由拒絕，立刻給出諮詢可能時間，並稍微關心他們當地的交通狀況。

「不影響的，搭飛機完全沒問題，我提早出門就好，而且說不定下星期活動就結束了。我等一下就訂機票，順便聯絡我媽媽，她住台北，到時候我陪媽媽去請教您，稍晚訂到班機，傳簡訊告訴律師，非常感謝您！」依舊平和有禮的語氣。

不到十分鐘，手機響起「噹噹」簡訊提示音，一看是約定下週三下午兩點，立刻回傳：「會面時間OK，下週見！」把會議時間登載iPhone行事曆之後，就不再去想這件事，因為執業二十幾年來，常常處理遺產的案子，這個案子可能當事人只需要了解遺囑的寫法而已，沒想到見面後才知道伴隨著遺產問題，居然牽扯銀髮夫妻為了小三鬧離異的事。

到了星期三，當事人陪同母親一起來訪，女兒一身名牌精品的打扮，精明幹練，母親雍容端莊，淺綠旗袍外罩同色小外套，一串珍珠項鍊與銀色眼鏡相映，更顯優雅氣質，絲毫看不出已屆齡八十五歲，當女兒說出母親歲數時，我心裡想著自己到這般年歲是否仍保有這一份高雅迷人的氣性？

女兒三言兩語勾勒出來訪的主題，母親在旁欲言又止，女兒逕自述說心中的疑問：

「我爸爸已經九十歲了，上禮拜受了風寒住院，醫生說可能轉為肺炎，我們五個子女很擔心父親能否順利康復回家，因為今年過完農曆年開始，爸爸就小病不斷，每個月都掛病號，有幾次是半夜叫救護車送急診，這個月以來他身體折騰得非常虛弱，上星期住院我就問過主治大夫，他有暗示我可能要開始準備後事了，可是我爸爸觀念很傳統，一點都不想談身後事，而我在家裡是老大，性子又急，前幾天問他財產分配的事，他勃然大怒，認為我不孝，居然詛咒自己的父親，氣得不跟我講話。不過我媽媽很開明，所以今天帶我媽媽來，請教律師萬一父親往生，他的股票、房地產、銀行存款，怎麼處理？我爸爸是不可能寫遺囑啦！問他要火葬或土葬，他就罵我大逆不道了，是我媽媽想立遺囑，免得日後我們子女傷腦筋。」

我還來不及說明法律上關於繼承人處理遺產的規定及注意事項，當事人的母親怯怯地開口問女兒：「我要不要先說那件事？這樣律師才會知道我們真正要問的問題。」女兒連忙搖頭，勸阻母親：「媽，您別急嘛，我們先搞清楚子女的權利，再問外面的事啊，不然一下子搞在一起，律師會莫名其妙啦！」

又轉過來示意：「律師，不好意思！沒事，請您先告訴我們繼承遺產的狀況，好嗎？」

「噢，好！如果妳的父親往生，你們五個子女跟母親可以一起繼承父親的所有財產，分為六份，辦理繼承手續，至於細項怎麼分配，再由你們六位繼承人協議，不一定要每一項遺產都分成六等分，可以商量有些人繼承銀行存款，有人過戶不動產，只要繼承人約定清楚，寫好遺產分割協議書，就可以執行，去國稅局繳遺產稅，再去地政機關辦過戶，或到銀行申請變更帳戶。」我先說明繼承的民法規定及實務做法。

「可是我妹妹幾年前就過世了，有個女兒，她女兒可以繼承嗎？還有離婚的妹婿可以回來分配我爸的遺產嗎？」當事人急著想知道法律上繼承人的範圍。

「如果繼承人早於被繼承人亡故，他的直系血親卑親屬可以主張『代位繼承』，所以妳妹妹的女兒也有繼承權；可是妹婿已經離婚，就不能出面幫妻子或女兒爭取遺產，除非女兒未成年，他可以監護人的身分幫女兒處理；如果沒離婚，也不能主張對岳父遺產有繼承權，因為他跟妳父親只是『姻親』關係。」

我嘗試著用淺白的方式解釋法律規定，「代位繼承」的用語對一般當事人而言，已經有點艱深難懂了。不過這位活躍在商場的女兒似乎一聽就懂，應該是事先有做功課了。

媽媽忍不住，直接提問：「律師，如果我先生在外面有人，那麼她跟她的小孩可以來分財產嗎？」看來心事重重的母親真正想了解的是這個非婚生子女的法律問題，我先看了女兒一眼，猶豫著要不要回答，女兒臉上表情很複雜，有微慍、無奈及一絲困惑，但沒再阻止母親的發問了，於是我先反問：

「『外面有人』是指外遇嗎？外遇對象的小孩確定是妳先生的孩子嗎？有沒有登記到你們的戶籍裡？」我先弄清楚基本資訊，如果「小三」生下的孩子是別人的骨肉，也不用多討論了。

「是啊！很多年了，我先生以為我不知道，其實七、八年前有一次我先生突然跌倒，住院治療，那次很嚴重，頭部動了一次大手術，差點走了，那個婦人直接打電話給我，說她有幫我先生生一個兒子，希望能認祖歸宗。其實任何人都看得出來，她是想來分財產……」老婦人拿下眼鏡，握著手絹兒拭淚。到了老年還要承受感情背叛的打擊，莫怪她急著說出這段傷心事。

「您答應她了嗎？」我輕聲地問，推了一下桌上的茶杯到她面前，請她先喝一口熱茶，舒緩情緒，女兒走過去輕摟著母親肩頭，給她一點依靠。

老婦人搖搖頭，哀悽地說：「我當然不會答應，誰知道那是誰的種？拒絕了之後，那個女人又撥了幾次電話來，我都沒接，也沒跟我先生提到這件事。不過我知道他們都有在往來，因為我先生常常半夜躲到書房講手機，有一次我偷偷地跟到書房聽，他講的聲音很溫柔，他已經很久沒這樣對我講話了。他問道：『妳下午去哪裡了，我在樓下的茶館等妳很久，電話一直沒接……，喔，去買中藥噢，累不累？下午沒見到妳，我失魂落魄地回家，又看到我們家那口子擺臉色給我看，心情更不好，……明天妳開車來載我去陽明山，好不好？我喜歡看妳泡溫泉的樣子，雖然不能跟妳一起泡，幫妳擦身體就很滿足了。』律師，妳說這個老色鬼不讓我生氣嗎？

我聽了這些心都碎了，可是又不能跟他吵，醫生說我心臟病不能發脾氣，不然一心肌梗塞，豈不讓這個女人稱心如意！」

愛情真是令人欲生欲死，連八、九十歲的老先生、老太太都因而心情改變，甚至命運轉折呢！然而先生出軌，夫妻同床異夢，一端是春色無邊，另一端是秋風蕭瑟，夫妻倆心境各不相同。

女兒心疼母親敘述家變，問道：「我們要怎麼知道外面的這個小孩是不是我爸爸的兒子？我媽媽也不想跟她見面，更不想跟爸爸講開了這件事，一講開了就要面對，我想我媽媽是承受不了的。」女兒貼心地再遞上面紙給老婦人。

「妳們可以先到戶政機關查看戶籍資料，如果爸爸已經辦認領手續，登入戶籍，這個孩子就享有繼承權，除非經過DNA檢驗，確定他跟妳爸爸沒有血緣關係，不過現在你們也還沒走到這一步，不便作DNA檢測，為了預防日後發生血緣關係的爭議，建議現在在醫院先採集父親的毛髮或血液，存放在醫院，如果父親不幸往生後，有進行DNA檢驗的必要，就可以隨時取出。依據我們過去辦案經驗，有些『宣稱』是非婚生子女，經醫院檢測後，發現並無親子血緣關係，所以私生子還是有必要先確認，說不定根本不是妳父親的兒子，就沒有遺產繼承的問題了。」進一步分析解決方式給她們母女參考。

「如果驗出來，真的有血緣關係，那麼要怎樣避免他來爭財產？我們可不可以在我爸爸生前先處理？」女兒急著問。

「如果你們現在可以說服父親處理財產，譬如將股票過戶給你們子女，或是將房屋登記給媽媽……，也許還有機會……」我思索著如何在合法的範圍內，達成當事人的目的，還在討論的當兒，老婦人突然冒出一句意想不到的話：

「律師，我想離婚……」老婦人已擦乾眼淚，眼神堅定地凝視著我。

「媽，妳瘋了喲?!老夫老妻了還提什麼離婚，笑死人了，這麼多年妳都忍過來了，為什麼這個節骨眼妳卻忍不住？爸爸如果聽見妳提出要離婚，他不是在病床上活活氣死！」女兒氣急敗壞地反對，進一步企圖拉我一起遏阻母親的傻念頭，她轉過來問：

「律師，您說是不是？您有辦過一個九十歲、一個八十五歲的夫妻來您這裡寫離婚協議書，或是鬧到法院要判離婚嗎？」

我正在思考如何面對眼前母女意見不一致的場面，老婦人繼續幽幽地傾訴心聲：「妳不是我，妳不會懂的！這麼多年，我為了這個家，為了你們孩子，為了大局，我苦苦忍耐，可是你們知道每次妳爸爸打扮得光鮮體面出去約會，把我一個人丟在家裡時，我的心是如何一吋吋地被撕裂，妳曉得嗎？前一陣子妳爸爸說要賣股票，其實還不是要把錢拿給他們母子，我們結結實實地大吵一架，後來中秋節你們都回來，才勸合。我了解你們都很忙，一個個住在國外，都有自己的事業、家庭，所以很少跟你們訴苦，因為怕你們擔心煩惱；可是家裡現在只剩下我跟妳爸爸和菲傭，每天他都一早就出去，都不讓我跟，到了晚餐才回來，半夜又跟那個女人情話綿綿，妳知道媽媽心中有多苦嗎？這種婚姻有名無實，守著它要做什麼呢？」

女兒聽了沉默不語……。

我說：「伯母，我可以體會您的苦，一個女人一生中最辛苦的不是生兒育女、相夫教子，而是另一半的心裡有了第三者，因為愛情是無法分享的，特別是年少夫妻老來伴，不只是身體相伴相隨，還要心靈相扶持相依偎。如果丈夫一直往外跑，您獨守空閨，那種苦確實是難熬的！」老婦人眼眶又紅了。

我轉向女兒，勸道：「每一個人都有擁有完整愛情的權利，也有忠貞的義務，至死不渝。你們子女真的需要傾聽母親內心深處的聲音，讓她在有生之年獲得心靈的平靜與真正的快樂！現在你們孩子都離巢了，母親唯一的依靠就是丈夫，而妳父親的心思只放在那個婦人身上，妳教媽媽情何以堪？每天都複習一次被遺棄的感覺，那不是一般人可以忍受的，你們忍心看著媽媽天天在悲傷哀怨中寂寞地過日子嗎？」女兒眉頭深鎖，看得出來心揪在一起……，我再接著分析：

「如果離婚後，媽媽沒有這個苦惱了，生活中可以找到新的寄託與快樂，這不是你們子女所期待的嗎？誰說老年人沒有追求新生活的權利，只要是人，不管多小或多老，都可以追尋自己想要的幸福人生啊！你們不能自私地只站在父親或子女的角度來看媽媽的訴求，要求她逆來順受，眼淚往肚子裡面吞，她有這份勇氣想要改變生活，讓自己掌握命運，而不是活在傳統三從四德的古老觀念中，更不是只為丈夫、子女而活，你們要為母親的勇氣喝采啊！」

女兒露出不可思議的表情看著我，慢慢地似乎想通了什麼，轉過去語氣凝重地望向母親說：「媽媽，過去幾年，我真的沒有真正站在妳的立場去感同身受，不過我想如果我老公到七、八十歲還在外面花心，天天出去約會，臨老還冒出一個小雜種，我一定殺了他，絕對不會忍耐，還忍了十年！」又告訴我：「律師，謝謝您的提醒，如果我母親真的作成決定，我一定支持她，以後她可以來跟我們一起住，我先生人很好，會跟我一起照顧母親的。」

老婦人如釋重負，回應說：「我再回去想想看，謝謝妳，律師妳完全理解我的心情，謝謝！」

望著母女倆離去的背影，忽然佛經的經文浮現腦海：「汝愛我心，我憐汝色，以是因緣，經百千劫，常在纏縛」、「恩愛無常，合會有離」。愛情是每一個人一輩子的功課，誠實地面對，好好地處理，傾聽內心的聲音，才能讓人生了無遺憾！

人生的「自我完成」是可貴的，不論在哪一個階段、哪一種歲數，只要勇於面對自己，在深度自我覺察後，毅然割捨，才不會留下「未完成」的遺憾！

離婚少婦的債與怨

執行業務的職涯中，最怕收拾爛攤子，尤其是當事人把一手好牌打成爛牌時，更加煩人；不過，比起收拾「律師的爛攤子」，這還是小巫見大巫！有些律師法律見解失誤，加上訴訟策略低劣，判決結果敗訴是必然。此際輸得莫名其妙的當事人拿著判決書來找我，尋求上訴的機會，我總是猶豫，因為賽局已定，很多訴訟主張、事實舉證進入二審，門檻提高許多，要突破一審的錯誤布局與法庭攻防，難上加難……。

她就是在如此令人頭疼的情形下，實習律師懇切託請才引介進來的案件。我讀完一審判決書，告訴實習律師，這個案子上訴高等法院，勝訴機率趨近於零，實習律師說：「我也覺得應該很難，不過，被告是我媽娘家的親戚，我媽拒絕不了，叮嚀我一定要拜託老闆接下來，不然這個女孩憂鬱症愈來愈嚴重，收到判決書之後，甚至有自殺傾向……。」

我依然沉默，近月來在高院幾個案子進行都不順利，很不願意再增加二審的上訴案。實習律師難違母命，繼續勸說：「我知道律師最近為了這些高院的案件已經很煩心，不過我覺得一審法官判得有點離譜，尤其民法第二二六條可歸責於債務人的事由，判決理由很明顯違背最高法院的見解，律師妳一定想得出推翻它的理由，而且對方律師很惡劣，聽說每次開庭都會羞辱被告，我看這個律師的名字很熟，可是又不知道在哪裡看過……。」

我瞟了一眼判決第一頁，看到原告律師的名字：「『陳均可』，就是我們另一件刑案的告訴代理人，上次我在北檢還跟他當庭吵起來，他確實說話不留口德，很容易傷人。」實習律師順勢喊話：「律師，妳很了解他的作風與訴訟策略，絕對可以找出對治之道，像這種律師應該要有正義之師教訓教訓他！我可不可以先請我這個親戚過來說一下案情，妳再決定要不要接？」

不忍心讓實習律師為難，暫時先答應下來。沒想到案件的主角——少婦來所說明案情後，不知不覺激起一些法律靈感與同情心，會談還沒結束，已確定承辦此案，少婦眼光泛出的淚光，不知是憂鬱症的脆弱易感，或真心感恩所致，可以確定的是這種案件恐怕難以獲致當事人的協助，她的病況已經自身難保，顯然無法親上火線，與我共同抵擋對方的法庭攻防、刀光劍影，上訴二審我得自己面對一場硬仗了。

深陷憂鬱症煩擾的少婦，連回憶兩年前抓姦當天火速離婚及三個月後被脅迫簽訂協議書的過程，都有極大的困難，轉述起兩天關鍵時刻作成決策的考慮點，語無倫次，支離破碎，我只好對照著手上僅有的離婚協議書及和解協議書，拼湊故事的情節，搭起案情事實的架構：

男女雙方結婚五年，育有三名子女；

男方開設貿易公司，女方掌管財務；

公司經常週轉不靈，女方向親友借貸填補財務缺口；

男方嗜酒好色，有小三、小四、小五多名婚外情女友；

兩年前女方聘請徵信社抓姦成功，當天雙方協議離婚；

離婚後三個月後突遭男方指控侵占公款八百萬元；

男方藉由律師及顧問的威脅逼迫、疲勞轟炸下，誘使女方簽訂和解書，承諾還款八百萬元，並騙取一筆土地。

女方返還五百萬元後，拒絕過戶，自行出售土地，男方起訴求償一千萬元。一審法官只開三次庭，就根據和解書認定女方擅自售地是違約之舉，判賠一千萬元。

顯然和解書是關鍵證據，內容對女方非常不利，割地賠款，我很疑惑當初少婦怎麼會簽下離譜至極的和解書？上面甚至還有女方的見證律師簽章，我不禁要問：「為何妳的律師當時沒阻止妳簽這份不平等的契約？」

少婦帶著怨懟的語氣解釋緣由：「這個律師是我跟前夫的共同朋友介紹的，當時我沒有意識到這個朋友已經倒戈，前夫約我去談判八百萬侵占公款的事，我很慌亂，我向朋友求助，她建議找專業律師幫忙，當天就偕同律師來一起參與談判。律師當天都沒講什麼，只是叫我自己決定，我有問她簽這份和解書會不會對我不利，她說只要雙方照條文履行就沒事，我當時已經被疲勞轟炸了四、五個小時，心煩意亂，看到前夫無情的嘴臉，更覺寒心！最後想說趕緊與前夫切斷關係，生命中不要再跟這個爛人有牽扯，就簽了。後來前夫先告刑事，後告民事，我才知道被設計了。」

看來這位見證律師的行徑可疑，很難指望她出庭作證，幫忙解釋少婦是在錯誤及被脅迫的情勢下簽約，不過我還是探詢央請律師作證的可能性，少婦搖搖頭，認為困難重重，「因為檢察官有傳過這個律師，問她簽和解書當天，我前夫有沒有拿公司帳冊憑證跟我們對帳，理出侵占八百萬元的明細，律師有來出庭，可是一問三不知，推說太久她忘了，我聽了很生氣，明明前夫跟他請的律師在和解那一天一直恐嚇我，說如果我不簽就要告我侵占公款，讓我坐牢，我嚇死了，才簽的，她在現場都有聽到，卻說不記得，真是太過分了，我很氣，就跟檢察官抱怨這個律師失職，沒有好好告訴我和解書那幾條的利害關係，我根本不懂那些條文的後果，她聽了當庭臉色大變，簽完筆錄就走了。後來開完庭，我再打電話給她，她都關機，不接我電話了。現在要再請她作證，一定不會理我。」

好吧！失職的律師出庭作證被當事人斥責，惱羞成怒，顯然已成敵性證人，縱使日後願意出庭，恐怕也對當事人不利，只好另闢蹊徑。「那麼妳那個朋友呢？她總該清楚妳沒有侵占公款吧！」換個人選，也許有機會為她澄清事實。少婦又搖頭：「她更不可能，因為後來我先生告我侵占，我就打電話告訴她，請她勸我先生撤銷案件，她居然回我說：妳根本就有侵占！」

人證全無希望，只好往物證著手，我再拋出問題：「妳說領錢出來只是把公司之前的借款還給親友，沒有侵占，那妳為什麼要簽這份和解書呢？」日後二審法官一定會有相同的疑惑，我得先找到答案。

「律師，妳大概很難理解我那時候很糟的狀況，其實離婚前幾個月，聽到傳聞說我先生出軌，而且有小三、小四、小五，不只一個婚外情，我就已經很痛苦，常常睡不著覺，等到徵信社抓姦那一天，我硬撐著簽完離婚協議書，就全面崩潰了，之後常常去看醫生，吃抗憂鬱的藥，仍然持續失眠，精神渙散，朋友看到我，都覺得判若兩人。簽和解書當天，我沒想到前夫居然設計我，誣賴我侵占公款，我以為只是要對對帳，會商前一天會計通知我要簽一些法律文件，我才想到需要律師幫我看內容，於是透過朋友臨時介紹這個律師陪同。不過開會四個半小時，我的律師沒講超過十分鐘的話，倒是對方不斷恐嚇我、威脅我，他們輪番轟炸遊說，從下午四點一直到晚上八點多，也沒吃飯，我真的很累又心寒，最後只想說趕快簽完，可以跟這個爛人永久斷絕關係，一輩子不再見面，才在和解書上簽名的。」她臉上有淚痕，眼睛卻射出某種憤恨的眼神，是悲憤產生的力量，還是人在決絕的境地湧現的神態，一時之間，無法分辨清楚，只感覺到她在人生最低潮的時刻做了重大的抉擇，如今卻必須付出千百倍的代價補救那個錯誤的決定，老天爺究竟給了她如何艱難的人生功課呢？

然而未親歷其境的法官絕對無法體會她的絕望與決定，通常只會以合理的成年人的觀點判定當事人簽署法律文件的心態與考量，少婦身心交瘁的狀態及當天談判氛圍，不會成為法官判定和解書效力的依據。今天的案情討論只是讓我更確定這份和解書將是這個案子的致命傷，為今之計，恐怕只能試圖推翻對方和解的前提——侵占公款的事實。

我問道：「妳的刑案呢？要再開庭嗎？還是已經結案了？好像對方提告很久了……。」

她幽幽地拿出刑案的傳票，透漏侵占案的膠著：「已經拖十個月都沒再開庭，上次檢察官叫我們去對帳，談和解，對方根本沒拿任何憑證出來跟我對帳，我也不可能答應他賠六百萬，於是和解就談不成。」

「我想問題是出在那些公司憑證或帳冊上，公司沒有一張憑證可以證實妳侵占，妳前夫才不想拿出來。我請高院法官去調刑案卷宗，看看他們在刑案有什麼證據，能不能找到理由來推翻侵占的前提事實。」

少婦一離開，我就草擬了聲請狀，請求高院法官調閱侵占案的偵查卷。法官收到聲請狀，開庭時詢問對方的意見，對方律師當然連聲反對，理由是他們在這一件民事案已提出相關的證據，無須再調刑案卷證資料。我當庭駁斥：「審判長，被上訴人只提出祕書與上訴人的電話錄音及譯文，每一段對話都看得出來是事先設計，很明顯的是被上訴人交代祕書企圖套話，可是上訴人一再否認侵吞公款的事，沒有一句話可以證實上訴人已經承認盜領公司的錢啊！就因為被上訴人舉證不足，無從建立這份關鍵的和解書的前提，也就是他們意圖指控上訴人侵占的行為，我們才認為有必要調閱刑事卷，向鈞院證明根本沒有侵占的犯罪事實，上訴人談判當天是受到威嚇詐騙，才作成願意支付五百五十萬元和解金的承諾，這是上訴人對於重要的爭點有錯誤而為和解，依民法第七三八條可以主張撤銷。」

對方律師看到法官似乎被我說動，竟然口不擇言：「上訴人簽了和解書，現在又胡亂指控，說什麼我的當事人唆使祕書去套話，又說我們簽和解書當天威嚇逼迫、詐騙上訴人，真是一派胡言！根本就是上訴人企圖悔約，血口噴人！」

我當然不容當事人遭受人身攻擊，霍地站起來辯白：「被上訴人布局行騙，審判長您只要調出刑事卷就明朗了，刑事案拖了兩年，檢察官遲遲未結案，也是因為被上訴人提不出明確的證據……」對方律師不甘示弱：「絕對不是這個原因，而是上訴人打悲情牌，說她得憂鬱症，要掛門診，請假沒出庭，又說要調解，所以檢察官把案子轉到調解庭，才會延到現在還沒結案。」

我還想反擊，溫吞的法官開口了：「本院會去調刑事卷，調到後再通知兩造，本件候核辦，退庭。」對方律師瞪了我一眼，悻悻然走出法庭。

不過，當事人與我沒能多欣慰幾天，很快地，高院書記官一通電話又擊碎了我們企求扭轉二審劣勢的希望！「律師，法官調到北檢的偵查卷了，不過檢察官要求偵查不公開，法官說不能讓妳來閱卷，只能印北檢的這封公函。」書記官忠實地轉達法官的指示。

「這樣我去閱卷有什麼意義，就是影印一張禁止我閱卷的公文？這樣我們如何舉證和解意思表示錯誤的主張？」愈講愈氣。

「我也不知道，法官只交代我作轉達，律師妳可以具狀表示意見。」書記官行禮如儀，毫不理會我的情緒。「具狀表示」也只會石沉大海，不過這倒是給我靈感，至少在二審表達對於法官禁止閱卷的異議立場，日後上訴到最高法院，還能爭辯二審程序的瑕疵。

主意拿定後，下午驅車前往高等法院影印那張檢察官的公函，立刻撰擬聲請狀表示北檢以「偵查不公開」為由禁止訴訟代理人閱卷，並不符合民事訴訟法的規定。高院受命法官下次開庭特別針對這份聲請狀，當庭諭知駁回聲請，並且記明筆錄，對方律師難掩得意神色，我只能吞下敗果，為日後上訴三審預留伏筆。

高等法院最後一次準備程序，法官突然問起對方律師關於我每份書狀都會強調的不合理條文，「陳大律師，有一個疑問我一直想不通，既然和解當天上訴人已經同意支付和解金五百五十萬元，何以又承諾把她名下一筆土地過戶予對方？既不符和解條件，又違背經驗法則。」賓果！法官終於掌握到本案的法律關鍵點了，我轉過頭想知道對方律師如何回應。

對方律師狡辯之餘，實在提不出合理的解釋，我慶幸之餘，又加強我方論點，眼看有可能扳回一城，沒料到一個月後言詞辯論庭，合議庭的庭長根本罔顧這關鍵爭點，反而是在我滔滔不絕力陳上訴人的委屈及和解書的違法之處時，不耐煩地指示長話短說，我就有不祥預感。

果真當次辯論匆匆結案，兩週後宣判上訴駁回，我方又敗訴，當事人聞訊悲痛氣憤，對於是否上訴三審陷入長考中，我為她分析：「依照一、二審判決內容，恐怕上訴三審又會維持原判，唯一可以期待的是刑事侵占案如果不起訴，可能稍有轉機。可是若決定不上訴，全案確定，妳就完全沒有機會改變現況，而且必須立刻面臨強制執行的風險，妳的財產恐怕都會被查封……。」後來在法定上訴期限屆至前兩天少婦才決定繼續上訴，我送交三審上訴理由狀到法院，心情灰暗，只能祈請上天給這位委屈受辱的少婦多一點兒好運了。

「我本將心向明月，奈何明月照溝渠」，如果丈夫已然變節，癡情的妻子如何收拾破碎的心，減少身心財產的傷害？倘若上了法院，法官只是依照「經驗法則」來判斷心力交瘁的妻子愚痴的決定，法院如何照顧不懂法律的人？

抓姦與報復

一早助理轉接電話進來，是個婦人來電詢問，聲音中透著焦急沉重，似乎後悔作了某些決定，又不知法律上是否有轉圜餘地。

她問：「我先生外遇，前一陣子我委託徵信社去查，徵信社拍了一些照片，前幾天說要抓姦，再跟我簽一份合約，收了三十萬元，又吩咐我準備十個紅包，抓到後要談賠償費分一半的事。錢我付了，可是我不想請他們再查了，可不可以解約？」

最初的氣憤、驚異、報復的衝動，在潘朵拉的盒子即將被揭開的前夕猶豫了，婦人應該不是捨不得徵信社的花費，而是害怕面對盒子打開時的驚懼、被背叛的倉皇失措，以及接下來如何處理的心亂如麻！

有些妻子委託徵信社後，會一鼓作氣堅持到最後。一旦面臨抓姦那一刻，在賓館房間門口，看到赤條條的丈夫披著浴巾青筋暴怒地與徵信社理論、向警員解釋、對心碎的妻子斥罵數落（她荒謬的抓姦），一邊還得安撫驚慌氣憤羞愧的裸身女伴；而在徵信人員衝鋒陷陣中，凌亂的床單、垃圾桶中的衛生紙、床頭櫃的保險套，都成了錄影蒐證的呈堂供物。元配妻子目睹這一切，很少有人可以力持鎮定，周旋到底，多數當場情緒崩潰，歇斯底里，新愁舊恨湧上心頭……。

接著一片混亂中，一干人等摸黑回到警局，開始談判，徵信社幫元配開價，以便獲取五成的分潤，如果丈夫拒付遮羞費，全案立即移送法辦，影響所及包括小三女伴的妨害家庭通姦刑責，一旁嗜血等候發布頭條（或社會版）消息的媒體記者、哀怨悲憤的妻子、無辜無奈的孩子……，夾雜交織成殘酷的談判現場，和解賠償是天價，不和解又是身敗名裂的下場，對丈夫是折騰，對妻子是煎熬！

真的想要看到這一幕嗎？

這位後悔的妻子顯然不想了，只是急著要知道可否悔約，「三十幾萬元的徵信費，我可以不要了，可是他們會讓我解約嗎？」我解釋實務處理情形，「通常徵信社是不願意的，因為三十幾萬元的抓姦費只是小誘餌，真正的甜頭是抓姦後在警局談判的和解抽成鉅款，而且這幾天他們通知妳準備抓姦，應該是時機成熟了，現在解約等於喪失良機；不過如果委託人堅持解約，徵信社也無法繼續進行後續的行動，可是已付的款項可能要有心理準備無法索回。」一席解說，婦人進一步詢問委託律師出面談判解約的可能性。

雖然同情她的處境與心情，但不與徵信社打交道是自己的原則，不論是合作或談判，一概不予考慮，因為徵信社是夫妻感情扭曲變質後應運而生的地下產物，利用失寵配偶的心酸報復動機，與背叛的一方偷情的不倫機會，達到貪婪斂財的目的，這種社會邊緣工具充滿負面能量，自己執行律師業務將近二十年，從來不願碰觸，避免傷身汙染。

婉拒了婦人的請求後，感受到她的無助與難過。

可是在執業歷程中，長期接觸法院訴訟散發的負面能量，自己也得關照這些無端加諸自身的職業傷害，以免正義的能量被過度侵蝕淫染後，無力幫助真正的弱勢及苦難的人們。

掛斷電話後，婦人不曾再來電，不知最終她如何處理人生的難題？是堅定地拒絕徵信社再度的索討，同時蓋住潘朵拉的盒子避免看到醜陋的真相；轉而以一片柔情（或無奈）守候著家等待負心的丈夫回頭？抑或推拒不了徵信社的貪婪與冷酷，猛然揭開姦情，讓婚姻潛藏的所有問題一夕爆發，沖垮婚姻的堤防及家庭的避風港，從此邁向不一樣的人生？

不論作何決定，結局如何變化，希望她解開人生終極困惑，勇敢且負責任地找到自己的未來！

面對丈夫外遇，揭開醜陋的真相是最後的選擇嗎？「抓姦」可以獲得和解談判的絕對優勢，但也失去親密關係最深刻的底基，茫然心痛的妻子需要深思，究竟是想要報復或解決婚姻問題呢？

父與子之選擇

她，身著樸衣素裙坐在法院門側矮欄杆上，抽著菸，旁邊擱著一包麥當勞紙袋，通常當事人開庭前約在法院門口會面，神色緊張或憔悴憂煩是常見的場景，像她，看到律師下車，捻熄手中的菸，輕快跳下欄杆，臉上無晴無雨信步走來，倒是少見。

一起走進台中地方法院檢察署法警室報到，報到單上除了記載「案由：妨害家庭」、被告姓名及辯護律師外，一片空白，檢察官沒有傳訊那位提告的憤怒元配及始作俑者的過往情人。也好！免得庭訊過程更加複雜，這個案子的源起已經很詭異，如果加上事後向妻子坦承一切外遇事件的丈夫，現身在偵查庭中，不知會如何渲染案情，檢察官要調查的情節，又會是如何交織穿插進行，或甚至節外生枝呢？

偵查庭外人群往來，氣氛是怪異的，它不似醫院的悲痛驚慌遺憾，也不像菜市場的熱鬧吵雜輕鬆，更不如百貨公司的驚喜歡樂滿足。在人潮擁擠的場域中，法院是凝聚最多種情緒的地方，法庭內外充斥滿滿的「怨怒」之氣，夾雜原告、被告、證人及家屬驚慌、焦慮、害怕、氣憤、悔悟、擔憂、仇恨……的心情，幾乎人類負面情緒在這裡都可以找到蹤跡。

可是今天的女主角臉上依然一派沉靜，去年與男方突然迸發的戀情，短暫三個月的相知相惜，平靜分手後，留下一個意外驚喜的小生命。女方發現懷孕的那一天，獨自思索良久，最後決定保留這個小生命之際，去電想與孩子的爹分享，不意話筒另一端先傳來他已向妻子坦承外遇的種種，她深知這位只能談心不能成事的男子，必然無法處理橫生枝節的家務事，於是雲淡風輕地告知懷孕一事，簡單地下個句點：「孩子的事我自己會處理，也請你自己面對家裡的事。」

分手彷彿成了必然的結果，形單影隻的她接著繼續上班，在忙碌沉重的工作中迎接懷孕的各種變化，一個人上醫院產檢，一個人回應同事廠商的疑惑眼神，一個人面對父母家人未婚生子的衝擊，孩子的爹從此斷了訊息，直到有一天接到他妻子委託律師寄發的存證信函，大意是丈夫坦承通姦事實，她精神上遭受莫大痛苦，要求婚外情的第三者出面致歉，並賠償損害，否則將訴諸法律途徑。

挺著漸漸隆起的肚子，她讀完存證信函，扔在一邊，沒與任何人商量，只是把事情經過再重新想了一遍，雙方都是同事，認識他怕有十幾年了吧，工作領域有部分交集，但始終沒有產生特別的情愫，各自有男女朋友來來去去，去年春天他似乎工作感情陷入低潮，在外獨居，而她剛巧結束一段感情，二人靈魂有了交會，談心談情互相撫慰取暖，只是短短三個月，註定再走平行線，決定各自走回自己的生命軌道了，怎麼配偶突然出面索償？究竟誰受到傷害較深呢？妻子遭受背叛，固然傷痛難忍，可是那個男人終究是回到她身邊了；而她呢？三個月真心相待，無所求，無所盼，最後竟是一紙追償的法律文件，那麼誰來陪伴漫漫長夜，懷孕的不適，不確定的未來？當自己決定獨力生下孩子的一刻，所有伴隨的問題煩惱當然是自己承擔，可是除此之外，可不可以祈請上天不要再加諸任何煩擾索求，回到原點，各自過活？

顯然她的上帝沒有聽到這份呼喚，過完年幫新生兒做完了滿月後，接到警局約談通知，元配正式提告了，她依然沒找外援，單槍匹馬接受約談，當愛已成往事，把不足為外人道的心情收拾在記憶的抽屜後，思索著如何對一名處理例行公事的警員述說點點滴滴的故事情節與心情轉折？約莫只能輕描淡寫述說交往經過，表明雖有發生關係，但不知他的已婚身分。因為兩人認識及交往期間，企業集團的同事們未接過他的喜帖，也未見過他帶妻子到公開場合，約會時他多次明示獨居中，孰知戀情結束分開後，這些不存在的因素全部跳出來指控她是第三者，法律為什麼不能與人類的感情同步呢？

她端坐在分局的偵訊室中，警員毫無表情地記錄一問一答。「妳認識××××？」「妳有無與他發生關係？」「發生幾次？」「地點、時間？那一家汽車旅館？」「妳知道他已婚了嗎？」「有何補充？」最後警員告訴她：「請看完筆錄後簽名捺手印，可以回去了。」所有的纏綿溫存在冷硬的法律程序中灰飛煙滅，原來人世間的情分可以在幾行司法紀錄中消失殆盡，是否人際互動碰上了法律，就會縮回原點，歸零幻滅或是變形變質？

日子繼續在兒子的奶瓶尿布與沉重的工作壓力下飛馳而過，過了兩個月，被告相繼收到對方的律師函及檢察署傳票，知道要上法院了，適巧老闆發現了，詢問公司的法律顧問，委託我陪同當事人出庭，老闆娘在一旁大聲叮嚀著：「律師，千萬要幫她打到無罪，否則小娃娃沒有親娘照顧，怎生長大？至於那個夭壽的男人，等我們收到無罪的判決書，我先生就會找人去收拾他啦。夭壽噢！這樣聯合元配來欺負人，是沒有天理了嗎？」當事人苦笑著跟我走出公司大門。

地檢署偵查庭裡，第一次成為被告的她敬謹恭順婉言回答，檢察官訊問後順勢勸諭和解，被告唯唯諾諾，步出了法院，立即表達不滿之意，她低喊著：「為何我要和解賠償？無端承受司法拖累，還要賠償誰啊！」安撫了她的情緒後，再次深入討論案情及分析檢方掌握的證據，我們達成不和解、不認罪的共識，不過我提醒她留意媒體報導，因為往往這一類的案件的被害人倘使無法透過和解賠償得逞，會傾向訴諸媒體戰，元配針對女方的高知名度，極可能伺機透過輿論施壓。

果不其然，元配在使出撒手鐧上了法院控訴，被告仍無賠償和解之意後，立刻祭出媒體大旗，被告依然冷漠處之；只是沒料到檢察官抓到懷孕生子的確切證據迅速結案，記者獲悉此案提起公訴，加油添醋，列為頭版頭條，刊登前夕，記者數度聯繫被告的公司，當事人急電詢問，我趕緊建議她勿接受採訪，否則嗜血媒體必然針對未婚生子一事窮追猛打，藉題發揮，不僅影響案情，怕是更刺激心情，午夜夢迴如何安枕！

她全然接受建議，完全不與媒體接觸。翌日一早看到報紙頭版頭條依舊觸目驚心，尤其元配刻意爆出許多內幕，新聞報導更見辛辣。閱畢連忙聯絡當事人，她倒是聲音平靜，似乎未受影響，叮嚀她繼續沉住氣勿被媒體堵到，只要電子媒體未跟進，其他平面媒體未追蹤報導，過兩天新聞淡化，壓力就解除了。安慰、支持加上建議，希望穩住她的心情，勿讓案件再添變數，檢察官提起公訴後，案子進入法院，官司還有得打呢！

一週後接到起訴書，真是詫異！薄薄三頁，案情交代簡略，法律理由未加分析，被告所有書面口頭答辯全然恝置不論，證據清單更是貧乏，法院的交互詰問制度已如火如荼實施多年，真不懂此種起訴書進入法庭如何支持蒞庭檢察官的起訴主張，而檢察官竟能對於這種立論薄弱的起訴內容，面對媒體採訪侃侃而談，也夠令人咋舌了。

當下掃描起訴書以電郵寄給當事人，等候數日，當事人完全沒有任何回應或詢問，俱連下一階段進入法院審理之訴訟程序，亦未見她擔憂地提問諮詢，這位女子面對起訴如此獨立冷靜，情緒完全抽離，當她淡淡地描述那三個月的感情交會交往方式就更不足為奇了：「當時都是他主動來電或要求見面，他沒打電話來，我也不會找他，見了面聽聽他聊聊工作訴說心情；沒見面時，各自回到生活常軌，沒有思念與牽絆，如此雲淡風輕的心境，三個月後發現無意中懷孕了，自然是自己決定生下來，中間無需涉入父親的因素。」

「以後孩子問起父親，怎麼回答？」不能免俗地問起她必經的人生難題，她臉上浮現一抹清淺的微笑，回說：「到時候再告訴孩子，讓他自己決定。」她翻弄著隨身攜帶的嬰兒相片，有熟睡的、有微笑的，我們兩個不約而同喜歡那張他皺著眉頭對著鏡頭的相片，指著相片相視而笑。說到孩子，她原有的怨懟、不解瞬間消逝，代之而起的是母性的溫柔。

合著三個月的交集就是讓她獲得身為母親的機會，縱使付出代價奔波於法院公堂之間，也要保住這個孩子，「會保不住嗎？他們會要回這個孩子嗎？」她眼睛裡突然多了一份驚懼憂慮，於是我給她一段法律分析：

「基本上這個案子與孩子的血緣關係及親權沒有直接關聯，孩子的父親或祖父母不能透過這個妨害家庭的刑案來索回孩子，但是如果母親在這個案件中作成任何承認親子關係的自白或供述，日後父親請求認領或行使親權，根據法庭『禁反言』原則，妳在法律上就無拒絕或否定之可能。」「如果法官問我是不是生下他的孩子，我要怎麼回答？」她眉頭深鎖，擔憂地問。「為今之計，或許妳只能考慮行使緘默權了，因為身為母親無法否認母子血緣，但為了防止自陷於法律上不利狀態，只能選擇沉默以對。」我不能教她說謊，只能消極迴避關鍵的問題，只見她臉色黯淡下來，所有孕育新生命的喜悅與驕傲，在法庭裡居然成為不能公開承認的祕密，身為母親情何以堪！

同樣身為母親，深知她的無奈與恐懼，不忍加諸更多的煩憂在她身上，可是在她老闆會議室，老闆的關心及對那位沒擔當的男人的責難，化為種種嚴正的提醒：「叫他出來承諾是沒用的啦！他現在講的話都是屁！妳必須讓他知道，妳為了孩子會不擇手段，不惜以死相逼，如果他向妳要小孩，妳就說：『我死給你看！』他會允許妻子告妳，是因為他怕妻子，妳也要讓他怕妳！」老闆說得義憤填膺，一旁的她只是眼神迷茫，沉默不語，而我也不想回應。

身為律師，辦案期間只能作法律的提醒，儘量避免涉入當事人的生活、情緒，甚至個人風格、未來命運的影響或改變，雖然在迷惘惶惑中，當事人常以企求的眼神希望幫他（她）處理法律事件的近處律師提供諮詢意見之餘，直接為他（她）作成人生的抉擇。但就因為是人生的抉擇，最終結果必須當事人自己承擔，自然須由他（她）自身作成決定。執業過程中，常常記起當年在徐州路的法學院上課，民法老師解釋二十世紀法律領域一大重要原則的突破——私法自治原則，只要年滿二十歲，就必須為自己的決定負責，法律不會介入、參與或干涉，除非違反強制規定或公序良俗，這是法律賦予「成年」最深刻的意涵。

當年在法學院接受的信念，後來一直在執業歷程中警惕於心，遭遇法律困境的當事人，不論多麼困頓無助，自己還是鼓勵要求他們學習作成決定，進一步承擔這個決定的後果。所以面對法律事件，要不要簽約？簽約後要不要毀約背信？要不要上法院提告（對方違約時）？提告後請求多少賠償？訴訟中是否和解？法庭上和解後是否在人世間也原諒對方？這些人生的議題必須讓諸當事人作成終局決定，法律糾紛或訴訟不只對於當事人是一種經歷，也是學習成長的過程。

當她決定未婚生子，平靜單獨地撫養孩子時，身為律師是否要主導命運，讓她提早面對孩子父親的介入？如果父親在孩子生命中提早出現，可能會帶給孩子更多的親情父愛，但如此一來必然引發生父與生母甚至個別背後連結的家庭的拉扯與爭鬥，萬一處理不當，雙方對簿公堂，父子天倫勢必蒙上陰影；而在開啟這些變數之初，當事人是否必須改變作風，從溫和獨立變成張牙舞爪，進而多方索求或加強防備，才能保住孩子？

常建議當事人以平常心面對法律訴訟，毋庸影響生活作息、生涯規劃，所以這些改變由她的老闆激烈提出，我只能在旁聽聞理解，仍然克制自己，未表達意見。

第一次刑事庭法官開庭，同時傳訊男方與我的當事人，男方立刻坦承有通姦行為，希望作認罪協商，我的當事人當庭否認犯行，男方說：「她之前懷孕肚子裡就是我的小孩，是她親口告訴我的呀。」法官望向女子，她毫無表情，依然搖頭，轉過去瞪著男方反問：「我只是提到我懷孕了，我有講孩子是你的嗎？」當初曾經多麼期盼分享懷孕的喜悅，是誰硬生生地讓喜訊嚥下去，不再吐實？究竟誰讓初嚐母親滋味的女人傷透了心，決定踽踽獨行？

男方在被告席愣了一下，繼之又大聲嚷嚷：「可以做DNA檢測啊！孩子絕對是我的骨肉。」男方深知孩子的母親已然對他死心，不可能讓他們父子相認，索性透過司法程序爭取親權，至少可以先確認父親的身分地位，刑事法庭裡通姦案已然變成親生子女搶奪戰！

不料，女子已做好準備，在法官詢問嬰兒的下落時，她神情依舊冷漠，淡淡地給了意外的答案：「孩子不在國內。」難怪上週她說臨時有事要出國一趟，就在她問我法官作DNA鑑定可否拒絕，我給她否定的答案後，她就把兒子帶出國了。雖然在那通電話中，我又補充了幾句話：「刑事庭法官無法強制妳交出兒子檢體進行鑑定，但妳若拒絕，法官會斟酌各項證據認定他們的父子血緣關係，而進一步證實你們之間的通姦行為。」看來她是要作萬全的安排，不讓這個不負責任的父親得遂心願。

法官確認無法施行父子DNA血緣鑑定程序，轉而要求檢察官提出確實的證據，法官提前公開心證：「目前依卷內資料並無法認定被告間有相姦的事實，除了被告共同陳先生的悔過書，其他並無證據可以支持公訴之犯罪事實；而依經驗法則，男人在婚外情中通常會掩飾已婚的身分，因此被告于小姐辯稱她不知共同被告的已婚身分是合理的，倘使檢方無法另提證據，本院下一庭進行言詞辯論。」

檢察官果然未再提進一步的證據，辯論結案後，一個月，收到無罪判決，妻子放棄上訴，全案確定。

當男人自私，只考慮到自己的時候，女人也只好被迫為了保衛自己的名聲與孩子的權利而奮戰了！

豪門認親記

一通雜誌主編的來電

八卦雜誌的辛主編來電時，我完全想不起曾在哪裡與他見過面，他倒是輕易指出那場記者會的場景：「律師，我是辛白，就是去年在香格里拉飯店大廳妳幫一位港星的刑案開記者會，結束後妳給我二十分鐘專訪解釋港星與經紀公司解約的法律根據，那次記者會主要是為了澄清《壹週刊》爆料的封面故事……」這麼一提醒，就想起來了，這個辛主編後來還曾透過電話詢問一些法律問題，他可以算是我在國內接觸的媒體記者中少數具有法律概念，又可以聽懂我的法律分析觀點的雜誌主編，對他印象蠻深刻的。

「我想起來了，辛主編你今天也是要問法律問題嗎？」我淡淡地回應，這幾年偶爾會接到媒體的詢問電話，只要不需露面接受採訪，我都樂意解答，為記者指點法律專業知識，避免他們傳遞錯誤的法律知識，也算是履行社會責任吧！

「倒不是！我手上正在處理一樁豪門未婚生女的糾紛，明天會在我們雜誌以封面故事刊出，這是獨家報導，請律師先保密，這個故事的女主角十年前與台灣知名企業的第二代談戀愛，懷孕後被豪門企業的家長拆散，男方被父親手下灌醉突然帶走後，女主角把女兒生下來了，雙方十年未見，前幾個月聯絡上，男方給女生一筆錢讓她還債，後來鬧得不愉快，女方友人打抱不平，來我們雜誌社找編輯朋友閒聊，提到這一段過程，編輯覺得有新聞性，我們內部討論後，徵得女主角同意，要把這個故事公諸於世，既然要公開，女方認為女兒認祖歸宗的事也該處理了，幾個月前他們不歡而散，女方提出這個訴求也是造成雙方衝突的主因，所以女方拜託我幫她介紹律師，她希望最好是女律師，才能理解她的心情，我就想到妳，不曉得妳有沒有興趣接這個案子？」辛主編快速說明故事重點。

聽故事的當下，我腦海中迅速閃過幾個法律程序——「確認親子關係之訴」、「撫養費給付之訴」、「血緣關係DNA鑑定」……，加上辛主編提到的關鍵字——「豪門」、「未婚生女」、「認祖歸宗」、「獨家報導」，想必會衍生複雜的訴訟，而且豪門企業爆發此種醜聞，勢必盡力消音，女方要打媒體戰、司法戰想必困難重重，我把這些疑慮告訴辛主編，他爽朗地笑一笑說：「所以我才想找妳來辦啊！台北市擅長打親子官司、不畏強勢、又有與媒體打交道豐富經驗的律師不多，加上妳有小孩，能充分理解身為母親的心情，昨天女方一問我，我給她幾個律師的名單，討論下來，我覺得就是妳了！」

話裡透著信任與專業肯定，辛主編轉述的故事也激起我些許好奇心，我回道：

「先見面聊聊吧！等聊過再做決定，好嗎？」辛主編立刻約當天下午四點帶女方來事務所會面。

掛斷電話，待在辦公室開始處理公務，頓時就被訴訟卷宗、合約淹沒，電話、電郵不斷交替進來，幾個小時悄悄溜逝，等我意識到午餐還沒進食時，已經下午兩點多了，趕緊喚助理買份壽司與味噌湯，邊吃邊上網搜尋早上辛主編告訴我豪門企業的背景，結果企業集團本身很多資訊從電腦螢幕跳出來，可是居然都找不到男主角的任何資料，看來企業家把第二代接班人隱藏得很好，低調栽培，防止一切消息外洩，阻絕所有的干擾。我只好透過男主角父親的相關報導推敲這個豪門企業的事業版圖與行事風格，四十幾則網路資訊還沒瀏覽完畢，助理就進來說：「律師，有一位記者帶著一個小姐在會議室，他說跟您約四點鐘要開會。」

我連忙起身順手拿一張桌上名片，走進會議室，辛主編站起身握手，同時介紹一旁的女主角：「律師，這位就是我早上跟妳提到的章雲小姐。」章雲這時才把墨鏡取下，點頭示意，我遞上名片，打量著她，容貌豔麗，眼神深邃、雙唇性感，體態健美，難怪企業家第二代深深迷戀。

「章雲說雜誌報導明天就要發刊了，有點緊張，不曉得要怎麼跟律師開始談這整個事件。」辛主編先作個開場白，他瞅了一眼身旁欲言又止的女主角——章雲似乎顯得有些侷促不安。

「不急，說說妳現在的心情吧！」家事案件的當事人一坐到律師面前，千言萬語、百轉千折，往往不知從何說起，故事那麼長、心情這麼沉，從哪裡啟齒，都是一片滄桑，我常常讓糾結在層層痛苦的當事人先緩緩氣，抒發心情後，再敘述愁苦的案情。

「我現在的心情嗎？很矛盾又很擔心，很希望他出面解決這些事情，又怕他們家族一看到明天的那篇報導，不知道會怎樣對付我？會不會像十年前……」章雲長長睫毛下眼神隨之黯淡下來。我順著話頭問道：「十年前？十年前他們有對妳怎麼樣嗎？」

「有啊！那時候我剛懷孕，他媽媽突然來找我，要我拿掉小孩，說給我三百萬元，不要再跟她兒子見面……。」章雲跌入往事的記憶中，聲調愈來愈低。

「那『他』呢？他怎麼說？為什麼他沒阻止他媽媽來訪？」一個二十歲出頭的女孩子要承受多大的壓力啊！這時孩子的父親如果沒適時給她支撐，怎麼抵擋知名大企業董娘的強勢要求，我想知道男主角當時的態度。

「他在那之前沒幾天就被他父親派來的總管大臣灌醉帶回去軟禁了，手機也一直關機，我都聯絡不上，後來他母親找上門，我更是慌亂害怕，不過，最後我拒絕了，……因為我想要生下這個小孩。」章雲說起這段往事，眼神忽然堅定了起來。

「為什麼？妳才二十歲，這麼年輕，孩子的爹行蹤不明，妳怎麼想生下孩子？」律師在一開始對於案情毫無所悉的狀況下，只能不斷丟出問號，試著拼湊故事的完整情節。

「是啊！我剛聽到她的故事，也覺得章雲很傻，男主角都不見蹤影了，一個二十歲的女孩子有大好前程，幹嘛生下拖油瓶，到時候生父都不出面，怎麼獨力撫養孩子唷！倒不如拿錢走人，十年前三百萬欸，可以買一棟房子了，真傻！」陪同前來的辛主編忍不住插嘴，叨念一番。

章雲苦笑著，在她輪廓分明的臉龐出現的苦笑，竟也是如此漾人心神！我正猜測著她此刻究竟是否後悔當年的決定，然而在下一刻她開始述說往事，我就發現這個問題根本不用提出，答案已經浮現了。

門不當戶不對的戀情百受阻撓

往事如煙，她娓娓道來：

「那一年我高中畢業沒考上大學，家庭環境因素我必須負擔家計，只是身無一技之長，也找不到像樣的工作，朋友介紹我到鋼琴酒吧當服務生，進去後過了幾個月，可能因為我很勤快聽話，經理大概也覺得外貌不錯，就訓練我當領班，安排招呼客人，一年後上手了，熟客愈來愈多。有天晚上一位老顧客帶幾個企業家第二代來尬酒，其中有個彬彬有禮的年輕人，喝沒兩杯就醉了，其他人頻頻灌酒，我看了不忍心，幫他擋酒代飲，後來他就常來坐坐，找我閒聊，過沒半年，我們就同居了，那段時光生活很甜蜜，他對我百般呵護，常常買禮物送我，無意中我懷孕了，他很興奮，希望我生個兒子，他就可以明媒正娶，讓我進他們的大家族⋯⋯」隨著甜蜜的回憶，她臉上閃爍光芒。

不過，接著神色黯淡下來，她說：「可是沒想到他回家提到這個消息，父親震怒，趁我去上班時，他們家族企業的總管大臣就奉命來拐騙他回去，而且限制他的行動，嚴禁他再來找我。然後就是他母親來勸我拿掉孩子，她那天諷斥的每一句話都深深刺痛我的心，她說：『妳才高中畢業，又在鋼琴酒吧那種地方上班，我不曉得我兒子怎麼會看上妳，還說要娶妳！不過，不管怎麼樣，這是絕對不可能的，我們的家族企業就靠他接班下去，妳這種身家背景是不可能進我們家門的⋯⋯』她的勢力眼與鄙夷的神情到現在我都忘不了。可是她不明白我的個性就是不受威脅，她想用錢打發我？太不了解我了吧！我還記得當時我的回答：『何伯母，謝謝您的好意，三百萬元我承擔不起，這個孩子我會自己撫養長大，請回吧！』她走了之後，我哭了三天三夜，傷心加上害喜，無法上班，可是為了腹中的孩子，還得存一筆生產費，只好勉強去上班，可是不能在前檯招呼客人了，只能做後勤，薪水更低了，因為身形日漸改變，有些工作也不方便……」說著說著她眼眶又紅了。

「要休息一下嗎？回憶往事總是傷神。」看她有點疲憊，想讓她停歇片刻。

「不礙事，我想趕快講完，好問些問題。」章雲搖搖頭，繼續說：「到了懷孕五個多月時，同事看我食不下嚥，幫我找徵信社調查他的行蹤，又介紹律師寫律師函給他催他出面，沒想到這些人都被他們家族收買了，委託的事都不了了之。朋友又建議我直接去找他父親談判，要求交出他兒子來，我想孩子快出生了，他也該要出來負責，於是好不容易打聽到他父親的行程，我趕到高爾夫球場，挺著大肚子在門口等了兩個小時，終於看到他父親搭車到來，他一下車我就上前表示我的身分，央求他讓兒子出面，他狠狠地瞪我一眼，說：自己造的孽自己負責，我幫不上忙。我哭著走了，心裡頭深切地明白這家人是不會顧及我與孩子的死活了，從此以後我得靠自己了。」

章雲說完先上洗手間，略事整理補妝後，臉上淚痕消失了，又恢復明豔動人的神采，接續著說：「後來生下女兒，我想既然生的不是兒子，也沒籌碼再找他們，於是就死了這條心，母女倆相依為命，現在她已經上小學三年級，長得很像我，請律師看看我們的合照，她很乖，喜歡跳舞、彈鋼琴，功課也不錯。」說著遞給我母女的合照，像似姊妹花一般，提到女兒，章雲臉上終於有笑意，她拿回相片後凝視良久，語氣變得有點落寞：「其實我們母女過著平靜的日子也習慣了，可是去年他的朋友突然打電話給我說他想看看女兒，問我可不可以？我當然不同意，尤其我那時候正是深陷財務危機，焦頭爛額的時候，因為同事邀我投資事業，全數虧損，我還積欠了四百多萬，哪有心思去理會他對女兒的思念，拒絕幾次之後，他約我見面，知道我有財務缺口後，倒是很豪爽地幫我過票，還了債務，還給我五十萬生活費，叫我好好帶女兒。」

「那次他有看到女兒嗎？」律師總是要問關鍵點。她搖搖頭答道：「沒有，我不給看，只讓他看照片，因為女兒三歲多時，要念幼稚園，要報戶口，那時候我剛好有男朋友，論及婚嫁，沒多久我們結了婚，幫女兒報戶口，父親欄就填上先生的名字，我女兒一直以為我先生就是她爸爸，如果又有另一個男人出來說是她的父親，我女兒一定會覺得很奇怪！」

「那現在呢？為什麼又想認祖歸宗了？如此一來，女兒不是又要面對兩個父親的尷尬局面？」我不解地問。

章雲看了辛主編一眼，後者鼓勵她直接道出實情，於是她說：「三個月前我離婚了，我想該是時候，讓女兒知道親生父親是誰了。」

從隱瞞到希望認祖歸宗的心境轉化

原來如此！有些父母親保護子女的方式，會選擇隱瞞事實真相，避免孩子知曉之後，承受不了殘酷的真實面，他們可能認為「善意的隱瞞」也是一種幸福；只是再往更深層處思索，這難道不也是源於父母親自身內心的恐懼，憂懼真相揭曉之後，孩子產生質疑、不諒解、甚至離去……，親子之間的功課不見得比愛情的習題容易解開哩！

「現在妳打算如何處理？」既然要面對生命的難題了，我就直指重點。章雲說了幾乎每個當事人到我面前都會提出的問題：「這就是我今天想來請教律師的事，請問我該怎麼做？」

當事人對於律師往往有不切實際的期盼，認為見著律師，說完自己的故事，律師就可以提供解答，讓他們帶回答案解決所有的問題，度過全部的難關！

菩薩甚且無法如此輕易地度眾生，遑論平凡的律師呢！人生的災難多數是當事人引發來的，有果就有因，因果業報，律師在你災厄悲劇發生時才出現，如何在爛攤子乍開迸發時，立刻想出救命藥方，消除所有災厄？要打破當事人這種「茫然」、「浪漫」，甚至近乎「不負責任」的錯誤期待，我經常會反問：「你（妳）想怎麼做？這是你的案子、你的人生，你一路走到現在，發生這些狀況，你希望往後怎麼走？律師不是你，不能幫你選擇或決定人生，你必須告訴我你希望如何處理這些難題，我才能提供法律上的意見，幫助你解決問題、達到目標。」

眼前看到章雲的神情，我就知道這個聰明的女人明白我這段話的含意了。她說：「我希望女兒的親生父親可以承認這個女兒，讓她認祖歸宗，而且他要負擔生活教育費，可以好好栽培女兒長大成人。」

一旦當事人明確說出她的目標，我就可以梳理相對應的法律方案了。第一步得先確立訴訟的前提，說道：「根據去年你們的互動可知，孩子的爹目前還不想承認這個女兒，更別提在家族面前認祖歸宗，因此我們必須先提起確認親子之訴，在這個訴訟中，被告如果否認孩子是他親生的，就必須進行ＤＮＡ血緣鑑定，關於這一點請妳務必要先確定血緣關係是沒問題的……」

辛主編這時插話了：「律師，妳懷疑章雲……」我連忙解釋道：「倒也不是，只是起訴前這個關鍵的事實一定要確認，因為一旦對簿公堂，對方可能會以妳當年的職業或交友狀況來否認親子血緣關係，我要先確認這一點，日後打官司才有十足的把握，不然像我一個大學同學最近承辦的案子就栽個大跟頭，就是幾個月前的事，他幫一個婚外情的婦人打親子訴訟，對方是國內知名企業家，剛過世，家人就得面對這樁難堪的訴訟，在死無對證下，企業家元配生的子女出庭指控原告無的放矢，有辱父親清譽，而且勇敢地站出來提供DNA鑑定，沒想到我同學的當事人居然敗訴，因為她帶女兒去做鑑定的結果，與那位企業家完全沒有血緣關係，對方反過來告詐欺，訴求損害賠償，媒體連續報導，最後發現是騙局，我的同學執業二十年，被當事人牽連，搞得陰溝裡翻船，記者會上灰頭土臉，真是不堪！」

章雲立刻回應：「律師，妳放心！我不會讓妳發生這種尷尬離譜的情況，我女兒百分之百跟她父親有父女血緣關係，那段時間我只有與他交往，同居一年半，我除了上班，全部時間都跟他在一起，他心裡明白！而且女兒長相雖然比較像我，不過她的鼻子、耳朵都像爸爸，她曾跟我抱怨為什麼鼻子不像我這麼挺？我沒說原因，因為我前夫鼻子也很挺，我只是安慰她，長大鼻子就會變挺了。」

她邊解釋，我邊比對她女兒與網路上企業家二代的相片，確實鼻子部分相似度極高。我順勢整理了桌上的文件，把出生證明、戶籍謄本、相片、網路報導一字排開，並下了結論：「妳的訴求在法律上必須打親子關係確認訴訟與給付撫養費才能達成，目前考慮到妳的經濟狀況，我建議先給對方寄發律師函，請他出面商量解決的方案，如果他拒絕出面或和解破局，我們才提告，好嗎？因為提起民事訴訟原告要先繳裁判費，加上律師費，一審一審打下來，妳負擔會很重，而且打官司曠日廢時，精神上、金錢上都很消耗，如果全案能和解收場，對你們雙方都好，尤其不會傷害到孩子。」

章雲點點頭，看了辛主編一眼，後者也認許，她才開口：「我也希望能以最簡單的方式解決，那麼就請律師先幫我發函。」我答應了。第二天就完成草稿，律師函寫得很簡單，在電話中我口述內容，提及企業家第二代何方十年前與章雲相知相戀，懷孕數月，何方不告而別，章雲生了女兒，獨力撫養迄今，單親家庭倍覺艱辛，女兒思父之情與日俱增，希望出面洽商雙方所生的長女沈曉安認祖歸宗及生活教育事宜。章雲聽了表示同意，我立刻請助理以限時雙掛號寄到何方的公司，確保律師函會送到他手裡，至於他會不會回應、願不願意出面商談，我與章雲都沒把握。

律師函寄出第三天，我突然接到一位大學同學的電話，多年未聯絡，臨時來電，我正納悶著，他立刻道明來意：「老同學，無事不登三寶殿，世聯企業的協理何方昨天來委託我幫他處理妳寄給他的律師函，有沒有空？我們碰個面談談，聽聽看女方這邊的想法。」

怎麼這麼巧，剛好是大學同學接到這個和解案？同窗情誼容易對話，我正慶幸著對方沒找好訟成性的律師來攪混一池春水，辛主編知道對方律師的身分後，倒是心情凝重地提醒：「律師，我直覺上這不是巧合，而是蓄意安排，妳看前幾天我們的報導刊出後，紙媒與電子媒體馬上跟進，很多記者衝到世聯大樓要採訪何方，都被他們公關部門擋下來，第二天見報的消息只有一、二則，而且篇幅很小，聽同行說那天晚上何公子立刻安排兩桌酒席給主流媒體摸摸頭，封鎖所有新聞。對方勢力龐大，想要收買記者輕而易舉，事實證明現階段媒體一面倒，我想何家應該是以同一策略在處理律師函的事，處心積慮找到妳的大學同學來套交情，看能不能付點錢打發章雲，如若不從，再從律師下手，施以小惠，誘使妳撤退……。」

「這麼惡劣？我的同學也很清楚我不是可以收買的人，怎麼可能輕易被打發或摸頭！」辛主編的警語，我認為純屬反應過度，我向辛主編表明受人之託、忠人之事，我不會輕易動搖的，不過在跟對方律師見面後就證實辛主編料事如神，何方確實城府深、心機沉。

企圖扭轉媒體資訊

大學同學來訪時，自始至終臉帶微笑，誠意十足地想說動我代表章雲接受何家的條件，他說：「這事絕對可以快速圓滿地解決，只要章雲承諾不再與媒體接觸、不提告、不來何家騷擾，何方這邊願意付現金五百萬元和解。」

咦，孩子呢？怎麼都沒提到孩子，我們寄律師函主要是想解決孩子的問題啊！同學臉上透著世故圓滑的氣息，只談錢、不談親情，我心裡疑惑著，畢業至今，是他變得世故了，還是我太天真？怎麼事情本末倒置了？

同學看我沉默不語，再問一句：「這條件不好嗎？還是妳直接告訴我，當事人的想法吧！老同學了，有話就直說，也好快快解決問題。」

我坦白說出疑問：「你提到的這些條件都是針對大人的，那麼小孩呢？我在律師函提到的認祖歸宗呢？父女親情呢？女兒什麼時候能改姓何？什麼時候才能跟親生父親見面？這些才是這個案子的重點啊！同學，你大學時候親屬法都蹺課，忘了親子關係的規定啦，孩子過往的撫養費、未來的撫養義務都不用談嗎？」

同學還來不及回應，隨行的財務長先辯白：「我們有提出方案啊！就是這筆五百萬元，包括孩子出生到現在九歲的費用，以及日後到大學畢業的生活教育費，我們很關心這個孩子，只是提到認祖歸宗，就要請大律師向章小姐轉達，請她體諒何協理目前的處境，集團企業正在發展中，如果現在要求家族認祖歸宗，事情一定會鬧大，勢必危及何協理的集團地位，大律師您一定也查過，何協理是董事長偏房所生，元配有三個子女，對於接班的位置都虎視眈眈，這幾年好不容易協理爬到這個職位，董事長非常器重他，一旦在這個關鍵時刻發生醜聞，他的大好前途會遭受打擊，相信這也不是你們樂見的！何協理的意思是說可不可以緩幾年處理，讓他順利升上總經理之後，一定立刻安排女兒改姓的事。」

同學也立即附和：「對嘛！認祖歸宗是大事，不要匆匆忙忙處理，如果何協理在集團事業的職位不保，也無法提供給女兒更好的生活。」

說穿了，大人的前途比小孩的幸福重要！

我望了望這幫人的嘴臉，不想再回應，只是淡淡地作了今日會談的結論：「我會儘快向章小姐轉述你們的條件及背後的考量，有了具體想法後，會立刻回覆。不過，我先提醒，倘使這些條件我們無法接受，很抱歉，這個案子只好進法院談了。」

「儘量不要，儘量不要啦！相信在兩位律師同學的聯手努力下，一定可以使命必達。」財務長信心滿滿地喊話，兩人隨即告辭離去。

章雲獲悉會談經過與何方的和解條件，非常生氣，在電話中傳來她的怒意：「如果不是他們去年處理得這麼糟，我怎會訴諸媒體，對付這種大財團，我一個小女子沒有任何資源如何逼他出來面對？也只能透過媒體報導，他們才會正視這個訴求嘛！還說我挾媒體以令財團，真是胡扯！律師，那妳的想法呢？除了他們要求的『三不』，妳想我們要接受嗎？我也很怕打官司，不曉得會拖多久？可是五百萬元，我還完卡債跟會錢，剩下三百多萬元，孩子有辦法撐到二十二歲大學畢業嗎？而且他也都不提認祖歸宗的事，孩子很沒保障……。」

我建議她與家人及辛主編商量過後，再給我結論。第二天她來電說家人反對何家開出的條件，家庭會議的結論是直接提告！我請她先準備起訴狀需要的相關證物，再叮嚀她：「起訴前先把事實真相告訴女兒吧！一旦打起司法戰，伴隨媒體戰，想必新聞會鬧得沸沸揚揚，先給孩子心理建設，免得她在學校不知如何面對老師與小朋友。」章雲允諾了。可是沒想到她根本沒提，到了起訴前夕，她說要帶女兒來找我，問她何事？她說：「律師，我有把妳的話放在心上，不過，一直找不到適當的時機講，每次我看到女兒天真無邪的臉，就說不出口！可不可以帶到妳辦公室，請妳告訴她？」

明天要送起訴狀到法院了，居然這麼重要的事還沒讓孩子知道？反而要我代她托出實情？我又不是孩子的親人，也不是她的家族長輩，憑什麼身分告訴她親生父親與她的關係？可是倘若她的母親不細述緣由，一旦案件進入法院，媒體追逐新聞爆出內幕，孩子從報紙、電視或同學師長口中得悉，豈不驚愕難堪，一個九歲的小女孩如何承受得起這個人生變局？心軟之餘，只好允讓章雲晚上帶孩子來辦公室，看看如何解開小女孩出生之謎。

晚餐後我提早回到辦公室，章雲母女準時八點捺響門鈴，開門迎了她們進入會議室，章雲說：「安安，叫阿姨！」小女孩恭恭敬敬地喚一聲：「律師阿姨好！」我微笑地問：「妳知道阿姨是律師喔?!」小女孩點點頭，答道：「媽媽告訴我的。」我再問：「妳知道『律師』是在做什麼的嗎？」小女孩搖搖頭。

啊！看來章雲什麼都沒先解釋，她把謎團都丟給我了，我望向章雲，她正對著我眨眨眼，彷彿覺得把孩子帶來我面前，一切就沒事了！我再將目光移到安安臉上，她的五官神態簡直與母親一個模子印出來，除了鼻子沒那麼挺之外，兩個人併肩坐著像似姊妹花。如今這對母女的命運將有極大的轉變，我如何讓小女孩知曉她的身世，而不驚慌，並且可以理解大人世界的複雜與無奈？小女孩的表情與肢體動作透露著初至陌生環境的拘謹不安，我決定先聊聊她熟悉的話題。

「安安，聽媽媽說妳今天國語考一百，很棒喔！」我輕鬆地提到學校課業。小女孩有了笑意：「媽媽昨天有幫我複習，我才都會寫。」我又問到她最喜歡的活動：「下午上舞蹈課，好不好玩？」小女孩開心地說：「今天教跳躍的動作，老師說我跳得很好！」章雲秀出手機的照片給我看，安安湊過來指著說：「對，就是這個，剛開始好難噢！還有要這樣轉過來……」說著她就站起來擺個芭蕾的姿勢。「好美啊！穿上芭蕾舞衣跳一定更漂亮！」我由衷地說。小女孩說：「對啊！下個月聖誕節有表演，媽媽要買粉紅色的舞衣給我穿。」眼睛閃閃發亮。

「安安！爸爸上週末有沒有帶妳去玩？」小女孩較放鬆了，我準備引導到正題。她說：「有啊！我們去公園溜冰，還有去吃麥當勞。」

「爸爸對妳好不好？」我問，安安毫不遲疑地點頭。我小心翼翼地問：「如果有另外一個爸爸也想帶妳去玩，妳想不想？」小女孩哈哈大笑：「阿姨，每一個人都只有一個爸爸、一個媽媽，妳說錯了，怎麼會有另一個爸爸呢？」章雲有點緊張地看著我，不知我會如何解惑？

「很乖很乖的小孩，小天使就會再派一個爸爸來照顧他。」我逗著小女孩，她轉頭問媽媽：「真的嗎？」我說：「當然是真的，像安安這麼乖，考試考一百分、又會跳芭蕾舞，小天使已經找好另一個爸爸要來陪伴妳……」小女孩張大眼睛看著我，問道：「真的噢?!那他在哪裡？」

「這個爸爸也住在台北，不過他現在上班、工作很忙，不能馬上來看妳，要過一陣子。」我慢慢布局說故事，安安好奇地問：「這個爸爸在哪裡上班?他怎麼沒跟我們住在一起？」我開始提起往事：「安安，十年前妳媽媽上班時碰到一個年輕的叔叔，對媽媽很好，他們就在一起，後來媽媽懷孕了，生下妳，爸爸因為要掌管公司的事業，不得已離開了妳們，不過爸爸還是很關心妳，最近跟媽媽說想跟妳見面……。」

小女孩出乎意料地很興奮地說：「我有兩個爸爸了，耶！一個是生我的爸爸，一個是陪我玩的爸爸。」小女孩迅速接納事實，自動幫爸爸分類，放進她的思維模式中。

章雲如釋重負地舒展了眉頭，看了我一眼輕輕說聲謝謝，轉過頭幫安安撥順額前的瀏海，小女孩抬頭問母親：「媽媽怎麼都沒告訴我有兩個爸爸？」章雲一時語塞，不知如何回答，我立刻接上話：「因為生妳的爸爸很忙，沒時間看妳，媽媽就沒提；最近律師阿姨會陪媽媽去法院辦一些手續，辦完爸爸就會跟妳見面了。」

安安像是想到什麼一般，問道：「我們舞蹈班聖誕節會上台表演，爸爸可以來看嗎？」

真是父女天性，一得知有親生爸爸，小女孩就期盼父親來欣賞她的表演，完全沒問起這空白的十年，缺席的父愛如何填補啊！

「嗯！我們會轉告爸爸，邀請他來看妳跳舞。」雖然完全沒有把握，我望著小女孩期盼的眼神，還是先給她一份希望。接著問起訴訟相關問題：「安安，阿姨問妳一件事情，如果阿姨陪媽媽去法院辦手續，要請爸爸正式把妳登記成他的女兒，以後爸爸就會分擔妳的生活費、學費、跳舞的費用，讓媽媽不用那麼辛苦，妳說好不好？」

小女孩立刻點點頭，我繼續問道：「如果辦手續的過程中，法官叔叔希望媽媽帶妳去法院，到法庭告訴法官，妳以後希望爸爸跟妳見面的方式，還有妳跟媽媽生活的狀況，妳願意去嗎？會不會害怕？」

安安搖頭說：「我不怕！只要媽媽陪我，我就不怕。」我鬆了一口氣，該說的都說了，該問的問題也得到答案了，我告訴章雲可以帶孩子回家休息了，明天孩子還要上課，而我明天就會向民事庭法院提出起訴狀，正式提告，訴請法院判定確認父女關係存在。章雲牽著安安的手，道別後走出辦公室，我整理明天起訴的資料文件，心情複雜地回家了。

小蝦米鬥大鯨魚，媒體攻防戰正式展開

翌日如期送出起訴狀，台北地院收狀櫃檯人員收了書狀，抬頭問我：「要同時繳裁判費嗎？或是由法官裁定後再補繳？」我答道：「這一件原告無資力繳納裁判費，我們要聲請訴訟救助。」櫃檯人員說：「好，這樣法官會先開訴訟救助的庭喔，妳是律師吧？應該知道這個程序。」我點頭收回他蓋完收狀章的起訴狀繕本，發個簡訊給章雲，告訴她已經提告了，接下來就等候開庭通知了。

兩週後章雲收到訴訟救助的法院開庭通知，傳真給我後，問道：「律師，開庭我要去嗎？我怕我不會講話，講錯怎麼辦？」我說：「我了解妳的壓力，不過，這一次開庭法院要審查妳的訴訟救助聲請是否符合法定要件，會先調查妳是否無資力、無法繳納裁判費，我想這一點妳帶去年的扣繳憑單證明收入有限，應該法官會接受；另外要查的是這個案子要有打贏的機會，也就是父女親子關係存在這件事情要讓法官相信是事實，如果妳本人親自到庭向法官說明當年妳與何方的交往過程，法官比較能夠相信，我覺得妳出庭會比較有勝算。」

章雲遲疑半晌後，答應了，可是又不安地問：「我那個辛主編朋友說，他已經放出消息，開庭時很多家媒體都會去採訪，我好緊張，可是辛主編說媒體愈多，愈能給對方施加壓力，看他會不會儘快出面和解。」

我安慰她：「沒關係，妳問問辛主編，看媒體可能會問哪些問題，我們開庭前討論一下，只要妳庭外的採訪回答不影響訴訟，都OK的，我也希望對方儘快出面商議，你們雙方能和解，不然才剛開戰而已，妳的壓力就這麼大，官司拖個三、五年，妳日子怎麼過呢！」

於是她決定開庭前請辛主編來我的事務所共商回應媒體之道，同時商量法院開庭的訴訟策略。我們約好十天後見面，出乎意料地才過兩天就接到辛主編傳來的壞消息——近日各家媒體記者都收到世聯企業公關部門的邀約，在開庭前一週分批宴請電子媒體的主播與平面媒體總編輯。顯然何家出手了，第一步先封住媒體的嘴！

辛主編趕緊帶著章雲來我辦公室商量對策，兩人一坐定，辛主編就問章雲有無聯絡何方出面談判，章雲表示有撥電話到何方辦公室，但祕書一接電話就說何協理不在，立刻掛斷，根本聯繫不上何方，辛主編說這就是何家的戰術，檯面上不和談，檯面下堵死各家記者採訪章雲的管道，讓我們的媒體戰無疾而終。

辛主編繼續分析局勢：「何家聽說媒體圈對於世聯企業少東未婚生子的消息頗

感興趣，最近司法線記者持續打聽家事法庭開庭日期，他們聞到硝煙味，董娘立刻下令滅火，公關協理負責召集各大媒體設宴消音，全台北市只有我們雜誌社沒收到邀情函，從上回刊登章雲的封面故事開始，何家就把我們列入黑名單了。」

章雲憂心忡忡地問：「他們請記者吃飯有用嗎？難不成記者吃一頓飯，就答應不報這個新聞了嗎？如果這些消息真的被封殺，對我們的案子有影響嗎？」辛主編推測：「有幾家電子媒體高層與何家過從甚密，極有可能會買單，平面媒體比較不受影響，不過電視台播報的震撼力較大，如果幾家主流媒體被收買，而平面媒體報導的篇幅又縮水，只當作一般司法案在報導，我們打媒體戰就收不到明顯的效果，對何家產生不了輿論壓力，加上打官司曠日廢時，何方一定不願意出面和解，法官一審一審判決，等到三審定讞，說不定妳女兒都國中畢業了！」

我看到章雲不斷皺眉頭，安慰她說：「沒關係，媒體戰對抗不了大財團，我們就打司法戰，在法律上我們絕對站得住腳，只要DNA一驗出來，真相大白，媒體界也不會繼續噤聲了。」辛主編聳聳肩，似乎不表樂觀。

章雲忽然透露一個訊息：「今天我接到一則簡訊，好像是《南方時報》的記者，問我可不可以接受專訪，做成獨家新聞，她可以爭取讓報社放在社會版頭條。」

辛主編問是哪一個記者？章雲給他看手機簡訊，辛主編說：「這個記者我認識，可是她跟何家關係不錯，怎麼會想要幫妳做獨家？會不會是圈套？何家串通記者設個圈套讓妳跳，表面上說的是獨家頭條報導，其實是要作負面新聞打擊妳！」

章雲有點受到驚嚇，問道：「會這麼惡劣嗎？」辛主編說：「很難講，上次有椿豪門恩怨也是鬧上法院，我派手下去採訪，男方也用這種方式收買我的手下，慫恿去女方那裡佯稱要作獨家，搜集資訊後，再大爆負面新聞，後來我一得知，就禁止我的編輯再去採訪，免得被豪門操弄。」

我也適時提醒：「人心難測，何家一定卯足全力打壓這個案子，封鎖這類的報導，目前媒體走向不明、敵友難分，我們還是小心為上，免得媒體針對妳在鋼琴酒吧的工作及投資失利的債務胡亂渲染，法官看到新聞後，難免會引發不好的聯想，對妳的訴訟救助及子女監護有不利的認定。」

章雲覺得疑惑，又問道：「如果媒體報導我有債務，不是對聲請訴訟救助較有幫助？」我解釋道：「從這個『無資力』的要件來看，妳這麼說當然是對的，不過如果這個記者被何家收買，可能強調何方已經資助妳幾百萬還債，妳並不是『無資力』繳裁判費。而且這裡可能會發生兩難的狀況，就是關於妳的債務及『無資力』是否要在法庭特別強調，這個論點對於裁判費聲請訴訟救助是有利的論點；可是萬一對方要求爭取女兒的監護權，這時要調查妳有沒有資力撫養女兒，法官就會把『債務』列為重要的考慮事項……。」

章雲開始有情緒，不平地問：「他們怎麼可以爭取安安的監護權？十年來都不養小孩，不聞不問，憑什麼要求？律師，我們不是只告親子關係的承認，與撫養費的支付，沒告我女兒監護權啊！為什麼會跟監護權有關？」

當事人常常直線思考，容易忽略對方的籌碼與法庭策略，於是我先進行雙方訴訟策略的沙盤推演，逐一說明未來可能發生的法庭攻防：「目前我們並沒有告監護權的部分，可是未來訴訟如何發展，很難掌控，妳現在起訴要求對方支付三千五百萬的撫養費，如果對方認定妳是獅子大開口，不放心把孩子成年前，也就是未來十一年的生活教育費一次性付給妳，妳想他們會採取什麼方法來抵制？」章雲搖搖頭，表示想不出來，辛主編好奇地望向我。

我說：「何家是大企業，勢必找了律師團隊來打這個官司，如果我是他們的律師，就會提議開啟另一個訴訟，爭取女兒的監護權，因為一旦父親擁有孩子的監護權，他就不用現在預付妳一筆天價的撫養費！」

辛主編聞言不禁嘆道：「還好妳不是何方的律師，不然章雲的案子很快就全盤皆輸了。」章雲聽了臉色更凝重了，我回應道：「也不見得，兵來將擋，水來土掩，如果他們要打子女監護權官司，妳也不一定全無勝算，我已經幫妳想好理由，安安是女孩，即將進入青春發育期，需要母親的照顧陪伴，加上妳有穩定工作收入，又與父母、弟弟一家人同住，親屬支援系統很強，過去九年妳盡心撫養女兒，母女關係親密，這些實況社會局人員進行家庭訪視都會予以肯定，進而建議由母親擁有監護權，現代家事法庭的法官酌定監護權的歸屬，考慮點比較全面，不會光從經濟財務面衡量。」

章雲聽到這一段解說，似乎安心不少，我再補充想法：「我只覺得媒體的報導多少會影響法官的心證，我們還是要從不同案件的各種角度，來評估現階段提供給記者的訊息要多廣、多深，倘使媒體戰與司法戰要搭配發揮，除了要收到加強拉抬的效果，最重要的前提是不能相互抵消或損害。」

辛主編表示認同這個原則，下了個結論：「章雲，我們還是要尊重律師的策略與建議，畢竟打官司是妳的主軸，媒體戰只是手段，要迫使何家儘快出面談和解，讓孩子及早認祖歸宗，妳可以拿到撫養費，好好撫養女兒，這才是主要目的，所以我們不能讓媒體曝光的任何消息影響到法官對妳產生不良印象。我認為在法院開第一次庭之前，都先不要接受任何一家媒體採訪，也不給獨家，一來保持神祕，讓事件新聞性持續升高，同時不得罪任何一家媒體，等獲知何家對媒體下手的反應，我們再決定下一步媒體戰怎麼打，妳看如何？」

章雲看看我，似乎無所適從，我說：「辛主編的階段性媒體策略很安全，就先這樣處理吧！」章雲點頭表示接受，總算確定第一階段的因應方案。沒想到開庭前何家先下手為強，收攏媒體高層後，第二步居然對我下手！

在開庭前一天有位自稱我同鄉的長輩來電，助理把電話轉進我辦公室，接聽後才知道是父親的好友李伯伯，父親過世迄今已五年，李伯伯未再與我們聯絡，今日怎麼忽然找我，莫非發生了什麼事，我趕緊向他問候，詢問有何事指教？李伯伯答道：「是這樣子，昨天世聯企業的何協理來李伯伯家坐，他是我兒子扶輪社的分會長，提到最近法院有件案子，很苦惱，說妳代表女方，不斷地訴諸媒體，醜化何家，他父親對他很不諒解，央請我來說項，看看能不能不要鬧上新聞媒體，雙方好好談談，撤回你們告的案子。我聽了也覺得這種事打官司也說不清，反而是鬧笑話，妳就聽李伯伯的勸，幫他們雙方協調協調，和解收場，免得影響何協理的前途，這樣對孩子也不好⋯⋯。」

原來是為了何方講情說項，可是他們怎麼查得到李伯伯與我們是世交，也是我父親生前最信任的好友？太厲害了，大財團的權勢資源真是無所不能、無孔不入，居然能覓得我敬重的長輩來給我施壓！不過，他們愈是用迂迴戰術，就愈令人反感，為何不將這些資源利用在解決真正的問題上，直接與章雲商談和解方案；卻反而從收買媒體、長輩施壓著手？真是令人不解，可以確定的是這一招恐怕適得其反，因為李伯伯的勸語反而激發我更強的決心——向財團勢力宣戰，主意拿定後，我婉言說明：「李伯伯，謝謝您的指教，您的勸諭都是金玉良言，晚輩會謹記在心，儘速轉告當事人以和為貴，從旁協助他們，好好談妥解決的方式，不要繼續對簿公堂。不瞞您說，女方這邊一直期待以和解方式處理雙方的爭議，請您轉告何協理，我們和解的大門始終敞開著，隨時可以談的。」

李伯伯欣慰地說：「那就好、那就好！以前我就常聽妳父親轉述妳的辦案能力與正派作風，李伯伯相信妳一定可以圓滿解決的。」掛斷長輩的電話，我轉告章雲這個小插曲，她除了感慨之外，也無言了。

第二天下午兩點，辛主編與章雲來接我一起到台北地院，還沒走進家事法庭大廳，辛主編已看到幾家電子媒體架起攝影機在媒體區等候，問我有無其他側門通道，我引領他們從另一條巷道的側門進入，直上三樓第五法庭，有幾位文字記者看了我們一眼，沒認出章雲，我們快速報到後，步入法庭，何方的律師已坐在被告訴訟代理人席，我偕同章雲朝原告席位入座，法官準時入庭，庭務員朗讀案由：「一〇四年度助字第十二號聲請訴訟救助事件開庭」，法官請我先敘述聲請事項及理由，說明章雲的收入僅能撫養女兒、勉強維持家計，無力繳納三十五萬元的裁判費，被告律師立即反駁：「去年十月相對人何方開了三張支票合計借了四百三十五萬予聲請人章雲，呈上支票影本及兌領的銀行交易明細請庭上酌參，我們認為聲請人資力充裕，不符合本件訴訟救助的要件。」

審判長當庭核閱支票影本內容，指示庭務員交給我與章雲閱覽，並問道：「聲請人對這三張支票有無爭執？是否已兌現？」

章雲點點頭表示已收到支票兌現的款項，我站起來解釋：「這是相對人何方幫聲請人章雲償還的借款，因為前年章雲投資友人開設的酒莊，由於經濟不景氣，加上友人不擅經營，虧損極大，章雲受連累積欠債務，相對人表示願意協助過票，這三張支票兌領的款項都用於清償債務，並無餘款，這些狀況何方都知曉，目前聲請人僅賴上班的月薪維生、撫養女兒，故無資力繳納裁判費。」

審判長接著問是否有薪資證明，章雲立即從皮包拿出兩份扣繳憑單，遞給庭務員呈交法官，我同時說明：「這是聲請人去年及前年的年度扣繳憑單，薪資部分都有報稅，審判長也可以向國稅局調閱。」

法官指示庭務員將扣繳憑單轉給何方的律師閱覽，並詢問意見，何方的律師起身稱：「這是影本，我們爭執這一份證物形式的真正，請章小姐提出扣繳憑單原本。」

章雲聽了有點著急，回應道：「這當然是真的，正本在報稅時都繳到國稅局了，我沒必要造假。」我悄聲告訴章雲：「這是對方律師要拖延訴訟，妳先別急，我來說。」章雲看著我，未再發言，我轉身向法官表示：「既然相對人的訴代有爭執，請審判長向國稅局調閱扣繳憑單原本，以資核對。」

法官再問：「是大安稽徵處嗎？」見到我點頭，接著曉諭：「本院會行文稅捐單位調閱聲請人近兩年度報稅資料，相對人請就本件訴訟無勝訴之望的要件詳細說明，解釋為何聲請人訴請支付三千五百萬元的撫養費不合法？聲請人針對未成年人沈曉安未來生活教育費的計算標準請再具狀補充說明，為何不是依照主計處編印之台北市家庭收支概況調查報告所定每月經常性支出兩萬五千元來計算。」並宣布三週後再開庭。

我收拾卷宗資料，準備走出法庭，抬頭望見法庭門口擠了七、八位記者，章雲緊張地拉住我的律師袍，不知所措，我走到旁聽席低聲問辛主編如何因應，要讓章雲接受採訪嗎？辛主編搖頭，湊近我耳際快速交代：「律師，我先帶章雲走樓梯道側門出去的巷子，我有叫同事開車來接，請妳先應付媒體，我們在車上等妳。」

我先走出法庭，記者蜂擁而上，同時競相提問：「為什麼你們訴求三千五百萬撫養費？」「小孩子今天怎麼沒出庭？」「章小姐真的繳不起裁判費嗎？她怎麼有錢請律師？」「這個小孩真的是何方的嗎？」「為什麼九年來都沒要求認祖歸宗？」我正要回答，有幾位記者眼尖，瞥見辛主編陪同章雲走出法庭立即轉向欲圍過去，辛主編巧妙地帶章雲閃進洗手間，記者們又跑過來聽我的回答，我簡短地說：「今天開庭法官主要是調查訴訟救助的問題，法官沒有傳訊孩子，因此章小姐沒帶她來。章小姐目前經濟拮据，收入有限，根本無力繳裁判費，我這段時間是義務代理，章小姐的女兒確實是何先生的親生骨肉，這麼多年來章小姐都是獨力撫養，直到去年何先生出面希望見小孩，才決定處理孩子認祖歸宗的事情。」

忽然手機震動，原來是辛主編傳來簡訊告知他們已順利脫身上車了，我立刻向記者們說聲謝謝指教，就走到律師休息室，坐了十分鐘，確定記者多數急著返回報社及電視台趕稿交件，已經漸漸散去，我才快速下樓與辛主編會合，一起回到事務所討論開庭狀況。

章雲一副驚魂甫定的神態，說道：「真沒想到媒體這麼大陣仗，還好辛主編帶我繞到一樓執行處的側門出去，才避開法院大廳的攝影機。」辛主編接著說：「今天主要的電子媒體三台跟有線電視台都來了，平面媒體的幾個司法線記者我都看到了，如果晚間新聞他們都報導出來，何家肯定要出來面對這個大風暴。只是現在距離晚上的新聞報導還有幾個小時才會播出，不曉得何家又會做什麼動作去阻止電視台播報這則大新聞，我等一下打聽看看。」

我答道：「何家神通廣大，一定會想方設法封鎖新聞，不過沒關係，晚上看看哪家電視台有播，到了明天見報，就知道平面媒體有沒有追這個新聞了。關於法官剛剛提到撫養費的計算，可能要麻煩章雲把女兒未來的課業計畫、才藝班、到大學畢業出國留學的教育費，及食衣住行的生活費詳細列出來，不過我想這些加起來合計都無法落實三千五百萬元的全額……」章雲聽了眉頭蹙得更緊了。

辛主編指出另類思考方式，提議說：「我查過檔案資料，世聯企業老董的家族關係圖以前我們社裡有研究過，他們家族裡面何方這一房有個兒子，現在七歲，上美國小學，每天有司機專車接送，我們可以從子女平等照顧的觀點，要求安安也要享有相同的生活水平，從這個角度來計算撫養費，律師覺得可行嗎？」

「當然可以，都是何方的親骨肉，應該受到相同的對待。只是你拿得到具體的資料嗎？因為法官一定會向我們要憑據。」我回應。「應該拿得到，美國學校的學費上網查或是打電話到學校問就可以，至於他兒子還上哪些才藝班或是名下有沒有登記財產，我請社裡的小編去查，如果真查不到，就問問雜誌社的同行，我們社裡跟這些雜誌是既競爭又合作，資料檔案有默契互相交流的。」辛主編發揮專業思維。「一查到就傳真或寄給我，我希望開庭前一個禮拜送到法院，讓法官開庭前就看到。」我設定時程，為第二次開庭預作準備。「感謝兩位大力幫忙，我先去接小孩放學了。」章雲匆匆離去，辛主編也回雜誌社搜集資料。

到了晚上，一看電視台晚間新聞報導大失所望，只有台視播出今天開庭的訊息，而且主播僅以乾稿念過，全無畫面圖示。顯然媒體圈遭受不小的壓力，翌日查看報紙，也只有《南方時報》刊登一則極小篇幅的司法側記，簡單敘述世聯企業接班人未婚生女，母親代女訴求鉅額撫養費，標題聳動，但內容平淡，看來第一場媒體戰，小蝦米鬥不過大鯨魚，財團的力量令人驚異！

父女親情天性使然，企盼與父親相認

法院訴訟救助聲請案第二次開庭，我們決定章雲暫不出庭，由我在法庭上申明法律立場，強調孩子的法律訴求及目前生活狀況，免得章雲在法庭上直接面對何方律師的凌厲攻勢，無從招架或失言而影響訴訟。

開庭時法官提出訴訟救助的基本問題——聲請人無資力是指法定代理人（母親）或聲請人（女兒）？對方律師表示依法律規定及親子撫養關係，應指母親，因為目前是母親章雲撫養沈曉安（聲請人），裁判費應由法定代理人繳納，故關於訴訟救助要件——聲請人有無資力應審酌母親的財務狀況。我強調本案是確認親子關係，針對本案聲請訴訟救助的主體是女兒沈曉安，應該審酌聲請人本身有無資力，而非母親，沈曉安現年九歲，無工作收入，亦無積蓄，因此無資力繳納裁判費。

法官聽完兩造律師的理由後，認為還是要以法定代理人的資力為衡量基準，於是開始調查章雲的在職證明及薪資扣繳憑單等證據，同時當庭提示法院向國稅局調閱的章雲報稅資料（附核定書），對方律師看到國稅局公文書之後，不再爭執這些單據的真實性。接著法官詢問何方的律師：「相對人是否對親子關係存在有爭執？」律師回答：「這部分要等ＤＮＡ鑑定出來才能確定。」法官再問：「對於聲請狀上提到十年前聲請人的母親章雲與相對人何方曾經交往、同居，章雲於一年後產下一女，去年何方曾要求與女兒見面……等事實，相對人有無爭執？」

何方的律師表示皆不否認，法官公開初步的心證：「民事訴訟法訴訟要件之一，只要本案非顯無勝訴之望就符合規定，既然相對人不否認這些事實，本院認為聲請人訴訟救助的聲請應該可以成立，只是撫養費三千五百萬元實在過高，雙方有沒有可能談和解？」

我先起身發言：「我們一直都希望和解，可是打電話到世聯企業，何先生都拒接，到現在也不願意與女兒見面，法官今天勸諭和解，我們會積極配合，可能考慮帶女兒到公司找父親商量……」

何方的律師聞言，立即阻止，解釋道：「千萬不可，孩子還這麼小，到公司找爸爸很不妥，尤其如果章小姐又安排媒體出現，更會傷害雙方的關係，我們認為應該安排溫馨的方式讓孩子與父親見面。」

何方的律師暗裡拒絕，明著卻一副誠意十足的模樣，真是法庭戲法人人會耍，我也不揭穿實情，順水推舟地回應道：「那麼就請你們安排時間、地點了！」法官似乎很滿意雙方律師的高度配合，立刻指示：「和解的事請你們大律師積極協調促成，如果可以達成和解，請儘速陳報，不過訴訟救助的案子我在月底前會作成裁定，麻煩大律師掌握時間，本件退庭。」庭訊結束，我回頭一望，才知曉媒體記者坐滿旁聽席，一聽到法官宣布退庭，記者們迅速跑到法庭外的走廊等候採訪雙方律師，急著探問當事人後續處理方式及和解可能性，我簡單回答幾個問題即離開法院，把球丟給對方律師，畢竟媒體對於財大氣粗的何家新聞更有興趣。

回到辦公室立刻以電話聯繫何方的律師，請他安排父女會面的事，沒想到他表面應允，三日後竟然正式發函表示拒絕會面，唯一的理由是擔心媒體跟蹤報導。章雲看了律師函覺得何方太過無情，拋下一句話：「下次他要看女兒，叫他來求我！」

一週後章雲來電轉述，某雜誌記者曾建議何方的父親在世聯企業附設的醫院檢驗父女DNA血緣關係，一經確定直接和解，結果遭何父拒絕，記者不死心，跑來向章雲提議讓女兒寫信給何方，因為有八卦消息，傳聞前一晚何方與友人在夜店喝酒，醉意中吐露心聲表示很思念女兒，可是在父親及妻子強力阻攔下，無法見到女兒，對女兒很愧疚……。

章雲問道：「律師，妳覺得讓安安寫信給她爸爸，好嗎？會影響法院官司嗎？」我說：「父女書信聯繫，親情流露，天性使然，不會影響訴訟的，最重要的還是孩子的感受。妳有問過安安嗎？她想寫嗎？」章雲拿出安安的聯絡簿給我看，翻到上週五的那一頁寫著：「我真希望跟親生爸爸見面，如果見不到，我也想寫信給他，告訴爸爸今天我的國語文考一百分了。」我說：「父女見面，我看目前暫時是沒機會了，對方律師已經正式發函拒絕了，如果孩子想寫信就讓她寫吧，免得她以為爸爸都不理她。」

第二天下班時接到章雲的傳真，原來是安安寫給何方的第一封信：「敬愛的爸爸：ㄋㄧˊㄣ好！我是曉安，今天老師說我國語考一百分，很ㄅㄤˋ，給我一個ㄐㄧㄤˇ卡，我很高ㄒㄧㄥˋ。下星期ㄒㄩˊㄝ校有親師會，ㄋㄧˊㄣ可以來ㄘㄢ加嗎？女兒安安敬上」。後來每天下班時都會收到章雲傳真來的短信，孩子決定一天寄出一封信，直到父女見面。

我看了覺得心酸，小女孩的心願不知大人能否理解？究竟要寫幾封信，才能軟化何家的態度，讓安安見到父親？當我收到第七封信時，章雲來電轉述那位雜誌社的記者希望能專訪安安，為了避免觸法及消除章雲的顧慮，將安排以拍攝小孩背面的方式採訪，請安安念幾段寫給何方的信，在下週父親節特刊登出。

章雲問道：「律師，這樣好嗎？辛主編是很贊成，可是我還是有點不安……」我提出打媒體戰的原則：「只要不傷害小孩、不會給訴訟帶來負面影響，而能促成父女早上相聚、認祖歸宗，這些都是過程。」章雲思考著辛主編的分析，緩緩說道：「辛主編說我一介弱女子，無權無勢，又沒人脈，只能透過媒體報導的輿論壓力，逼迫何家正視這件事，儘快出面解決。」我還是從孩子的角度提醒她：「開了兩次庭，看得出來何家採取拖延戰術，這樣對妳、對孩子傷害更深，官司打久了，孩子會誤以為爸爸不要她了，為什麼一直不想見她。」

在訴訟程序上，家事案件與財產事件處理方式不同，如果有一方拒絕，連法官都無法強制當事人親子相見，我們身為律師更無從強求對方配合滿足當事人的訴求，尤其這個案子何方的律師藉由訴訟技巧，在法庭上柔性阻撓、法庭外嚴詞悍拒，安安想與親生父親見上一面，難上加難！難道大人遭受的無情對待也要讓小孩承受嗎？我們深知採取媒體戰是下下之策，可是為了爭取孩子的親情與缺席十年的父愛，是否必須忍痛嘗試呢？這個問題在章雲的案件纏訟期間不斷在我心中徘徊出現……。

就在我的疑惑不斷在腦海迴盪之際，週六晚上幾個老同學相邀到小酒館喝酒聊天，我正走到吧檯點酒時，抬頭一望，牆上液晶電視居然播出安安受訪的獨家新聞，螢幕上出現的畫面是安安嬌小的身軀背面，頭髮紮起一束馬尾，手持一張信紙念著：「爸爸，今年父親節我寫了第一張卡片給您，不知道您有沒有收到，卡片裡是我畫的全家福，雖然沒見過您，也沒看過照片，媽媽說您長得高高的、瘦瘦的，戴著眼鏡，我就畫出您的樣子，不知道像不像？下禮拜我們要考試了，數學很難，希望我能考好……」一旁響起記者的問話：「安安，妳想念爸爸嗎？」安安點點頭，烏溜溜的長馬尾晃了兩下，記者又問：「妳想跟爸爸見面嗎？」安安不自覺地轉頭，臉頰側面露了出來一點點，答道：「想啊！媽媽說爸爸很忙，現在還沒時間……」電視畫面切換到主播台，美麗的主播溫柔地說：「小安安今年九歲，還沒見過父親何方先生——世聯企業的接班人，目前安安的母親章雲與何方正在訴訟中，台北地方法院家事法庭受理後開過兩次庭，據了解這個親子關係的案件短期內還不會結案，我們祝福小安安早日與父親團圓。」

我慢慢地走回窗邊的位置，老同學正聊得熱烈，我一口氣喝完整杯威士忌，窗外的燈光迷濛暈染，安安的臉龐也變得模糊起來……，我想，倘使何方今晚看到這則報導，不知作何感想？

電視台獨家新聞播出後，過兩天某週刊刊出專訪章雲的報導，附圖章雲的相片依舊沒露出正面近照，只有背面與戴著墨鏡的遠照。我仔細讀完全文，評估這篇報導對訴訟並無具體的敘述或評論，也沒有提供雙方相關的訴訟或證物，猜想法官對於這些報導應該不會反感或干涉吧！

孰知事與願違，週一上班我就接到家事法庭的承審法官來電，他先交代訴訟救助的聲請必須再補充實務資料，本週必須結案作成裁定，接著提醒勿讓孩子在媒體曝光，以免失去孩童的純真。聽起來似乎法官認為媒體報導出於我的策略與主導，真是冤枉！不過在這當兒多加解釋，恐怕也無濟於事，我也只能向法官承諾儘速轉告當事人。

掛斷電話除了轉述予章雲了解後，立刻上網搜尋訴訟救助的相關裁判，最高法院曾解釋「所謂無資力，係指窘於生活，且缺乏經濟信用者而言」（七〇年台聲字第八十九號、七一年台抗字第一二七號裁定書），我趕緊撰寫一份陳述狀，除了引用最高法院的見解，還強調章雲的銀行支票已被退票，成為拒絕往來戶，缺乏經濟信用，而目前薪資僅敷母女生活費用所需，無力繳納三十五萬元的裁判費。當天下午即送法院，到了下禮拜終於收到民事庭裁定准許訴訟救助，法官准許章雲暫免繳納裁判費。好消息告知章雲後，我們都鬆了一口氣，接下來就等候「親子關係確認案」正式開庭了。

親子關係確認案正式開庭

何家獲知親子案即將開庭後，託請友人外號「秦一刀」聯繫章雲，要求她勿再拋頭露面外出上班，並交代詳細算出生活費用及債務金額，秦一刀是直接到章雲上班的地方撂話，他還說：何方已經收到安安寄來的十封信，但質疑是大人教她寫的；而且章雲母女不斷上電視爆料，何方的父親怒氣沖天，放話要把何方調到美國分公司上班，免得在台灣受到這些官司干擾；再說何方自己根本沒有三千五百萬元，章雲告了天價的撫養費，法官不會准的！

章雲倒是很冷靜地回答：「何方應該先回電或回信給女兒，才不會傷了女兒的心；金額部分會與律師商量後再回覆。」

第二天章雲來到我辦公室詢問和解方案。我先確認「秦一刀」的身分，有無代表性？章雲說：「我來之前有請朋友去打聽，確實有這號人物，何方的父親跟秦一刀交情很深，應該是有代表性。」我回應：「看來何家是擔心親子確認案一開庭，就會碰上DNA鑑定的問題，媒體必然關注，乾脆先談和解，避免到時候開庭成為媒體焦點。妳有跟家人商量和解條件嗎？」

章雲說明昨晚家庭會議的結論：「家人給我的意見是——一、何方必須先幫我清償目前的債務及信用貸款，大約是五百萬元；二、分期半年支付安安一歲到九歲的費用一千萬元；三、在未來五年內為安安買一棟房子。」我提醒她還有安安將來十年的撫養費沒列進來，縱使何方真的把房子登記在安安名下，也不能變現為現金，安安到大學畢業的生活教育費還是沒著落。

章雲遲疑地說：「我怕一次跟他們要太多現金，何方一時也拿不出來，反而會反感，和解就談不成了……」我說：「也是啦！如果這些條件他能同意，我們就撤回起訴。」

沒想到過兩天秦一刀跟章雲聯繫，完全聽不進章雲的條件，只說：「全部一個整數五百萬元，付錢同時妳叫律師撤銷訴訟！」章雲當然回絕，第二天秦一刀建議雙方見面談，章雲表示不用再談了，秦一刀又說：「我有跟何董提議，先給妳兩百萬現金，應應急，何董答應了，還加上一個條件，他要何方帶安安去美國，他願意給妳兩千萬。」章雲聽了有點心動，但又捨不得女兒離開身邊，最後還是沒接受這個條件。

秦一刀已然失去耐心，表明不再傳話，如果章雲有什麼想法，自己去跟何家談判。和解管道又告中斷，只能等候家事法庭的開庭通知。

這一段期間安安繼續寫信給父親，何方依然沒有任何回應，直到法官通知開庭，章雲央請我再撥一次電話給何方，看看有無和解之契機，章雲看出我臉上顯現為難的神色，感嘆地說：「律師，我知道這是不情之請，妳為了這個案子已經做了很多超出律師該做的事情，我跟安安都感念在心！其實我應該自己撥這通電話，可是妳也知道，何方的祕書一聽到我的聲音就立刻找個理由掛斷，過幾天就要開庭了，我壓力很大，可不可以請妳幫這個忙，打通電話問問何方的意向，說不定妳以第三者的立場，他會願意談談和解的事……。」

說得如此懇摯，我也不忍拒絕，於是當著章雲的面撥了手機給何方，居然他接了電話，我說：「我是章雲的律師，很冒昧直接打電話給您，章雲希望我能轉達，安安在知道您是她的親生父親後，就很期盼與您見面，至於法院的訴訟，章雲說如果您願意出面談和解，孩子的撫養費是可以談的。」

何方語氣匆促地說：「很抱歉，我現在有訪客，請律師留下電話，我忙完一定會回電。」我留了電話，不過到下班前都沒接到何方的回電，猜想他只是敷衍之辭，章雲知道音訊杳然，更加失望了。

沒想到第二天下班時，我正要收拾辦公桌的卷宗資料，何方來電了，他說：「律師，讓妳久等了，這幾天我們在準備下禮拜股東會的事，公司特別忙，才拖到現在回電。去年跟章雲聯絡上之後，她從來沒跟我提過安安思念父親的事，妳昨天提到這一點，我聽了有點震撼，我很想知道我女兒是在什麼情況下獲知親生父親是我的過程，當時不曉得她的反應如何？請問律師知道嗎？」

怎麼會不知道?!正是我親自告訴安安這個藏了將近十年的祕密，猶記得她在我會議室第一次聽到這個對於一個才九歲的小女孩非常意外的消息時，露出驚異又開心的表情……。我娓娓道來這段戲劇性的歷程，何方的口氣愈來愈柔和，我再敘述安安在學校的課業，老師在聯絡簿的評語，以及學芭蕾舞的情形，還提到安安一天寫一封信給父親的心情。

何方說：「我很高興安安在校成績表現優異，感謝律師詳細的說明，我會和家人討論這些事情，再安排與女兒見面的事，這可能需要一點時間，在這段見面前的過渡期間，拜託律師繼續安撫孩子，聽得出來妳也很關心安安，請給我一些時間，我來處理我家的事。」

父女親情，沒有人能將孩子期盼的心拋諸腦後、置之不理，何方身為父親的心思在結語中表露無遺，整個對話過程中，我收起了律師的口吻，試著以章雲母女友人的身分，動之以情、述之以理，想必何方也感受到我的心意，允諾要為女兒去作努力，找出有建設性的解決方法。

過兩天何方委請朋友聯絡章雲，安排父女見面事宜，沒多久又傳來消息，希望先由何方與妻子同時和安安見面。章雲來電轉述時，聽得出不太樂意，我勸她理性思考，尊重何方的家庭，往後何方必須得到妻子的支持，才能順利處理安安的所有訴求，章雲理解後讓步了，同意由友人帶安安到何方家裡與何方夫妻及兒子見面。

只是好事多磨，約定見面前夕，友人來電通知週六見面暫時取消，因為何方要陪父親打球，加上妻子出國無法在場，必須等她回國後再一起見面。章雲得悉何方出爾反爾，氣憤異常，她不解地問：「難道陪老爸打球比見女兒第一面更重要？為什麼見親生女兒一定要元配陪同？真是沒有誠意！」於是禁止女兒再寫信給父親，同時通知我和解談判全面停止，全心打官司。何方的做法傷了這對母女的心，身為律師的我，只能尊重當事人的心情與要求，暫時關閉和解之門，全力準備法院訴訟。

家事法庭開庭審理親子關係確認案件前夕，我請章雲與辛主編來事務所共商大計，我強調：「明天是我們的親子案第一次正式開庭，程序上法官要確認原告、被告的訴求，以及調查證據的方向。我認為這次庭期很重要，為了表示原告重視本案、尊重法庭，樂意親自參與訴訟程序，我建議章雲一定要出庭。」辛主編轉過頭看著章雲，迫不及待地回應：「當然要啊！放心，我會全程陪妳，剛剛在車上好幾家電子媒體都打電話問開庭時間及地點，表明會到法院採訪。」章雲表示：「好，我會出庭，如果記者採訪，我要回答嗎？還是都由律師講？」

辛主編答道：「如果記者採訪，就簡單回個一、兩句，其他請律師回答，尤其是法律的部分，妳千萬不要嘗試著硬給答案，妳現場反應能力又不好，萬一問到關鍵問題答錯反而更糟，當場有可能記者會設圈套，這種場面怕妳hold不住，還是謹言慎行的好！也不用罵對方，就打溫情牌，說女兒很想念父親，打這個官司也是情非得已……。」章雲接著說：「這也都是事實，我知道怎麼說，不過，到時候，律師妳一定要站在我旁邊，我怕一緊張會講錯話。」

我立即答道：「別擔心，我會一直站在妳身旁，如果發言不妥或答不上來，我會適時補充。至於在法庭上，原則上我來說明，妳儘量不要講話，除非法官問妳事實方面的問題，或是我要妳回答才回答，因為開庭時如果當事人與訴訟代理人都在場，法官會以當事人的講法為準，假若妳答錯了，記到法院筆錄上，我很難幫妳修正。」章雲連聲允諾。

接下來我作沙盤推演，提示明日開庭重點：

＊原告沈曉安主張她是被告何方之親生女兒；如被告否認，聲請向台大醫院作DNA親子血緣鑑定。

＊女兒撫養費之金額以沈曉安就學期間及一歲至二十二歲大學畢業之生活教育費為訴求基礎，計算標準比照何方之長子的生活水平；如被告否認，聲請向

國稅局調閱何方近五年的所得報稅資料及財產歸戶清單，以及向世聯企業函查何方薪資，另外向美國學校調查何方之子的學費。

＊如果法官勸諭和解，我方表示同意，而且首要條件是父女先見面，再討論撫養費問題。

我說：「明天開庭法官處理這幾個重點就要花不少時間了，我想我們準備到這裡就夠了，其他突發狀況我來處理就好。討論這麼久，章雲也累了，晚上還去鋼琴酒吧上班嗎？」

章雲答道：「今天請假，我想早點休息，明天養足精神出庭。」她們兩人起身走出會議室，辛主編想到照片的事，特別交代：「記得帶安安的相片，明天孩子沒出庭，媒體對她一定很好奇，妳帶幾張她小時候的相片，還有我們攝影師上次幫妳們母女拍的背影，跟一兩張安安寫給爸爸的信，記者對這些柔性的東西更能發揮。」章雲回過頭來表示都準備好了。

第二天家事法庭法官提出的問題與前一天我們模擬演練的重點大致相同，何方的律師團一如預料地強調何方去年已經支付五百萬元的撫養費，毋須再支付；而且沒必要驗DNA，法官詫異地問：「被告承認原告沈曉安為其親生子女嗎？為什麼反對進行DNA鑑定？」何方的律師起身否認父女關係後，透過證據質疑沈曉安的身分：「請庭上看原告起訴狀附的原證三號證據，這是沈曉安的戶籍謄本，上面清清楚楚地記載沈曉安的父親是沈毅東，事實很明確了，原告不可能有兩個父親，因此無須再檢驗血緣關係了。」

法官問：「原告訴訟代理人對這一點有何意見？」我立刻說明：「沈毅東並非原告的親生父親，是沈曉安三歲時，其母章雲與沈毅東結婚，登記原告為沈毅東的子女，當初章雲結婚一部分因素也是希望孩子的戶籍資料不要登記『父不詳』，免得女兒心靈有創傷，實際上沈毅東與沈曉安並無親子血緣關係。」

法官翻閱卷宗及六法全書，諭知：「被告提出這項答辯是合法的，原告就其與沈毅東的父女關係應先處理，本院才能審酌兩造是否有親子關係存在。」我立即回應：「謝謝審判長的諭知，原告會另外提起其與訴外人沈毅東父女關係不存在的訴訟，解決戶籍登記的問題。」

法官進一步提問：「原告為何請求三千萬的撫養費？這部分請原告訴代另行整理聲請調查證據狀，本院如認為有必要，會進行調查；被告部分請具狀陳報是否同意DNA血緣鑑定？」何方的律師依然採取拖延策略，主張等候原告另行提起確認與沈毅東親子關係不存在的訴訟判決確定後，再向法院陳報被告接受ＤＮＡ鑑定手續的意願。

法官聽了沒作表示，只宣布「本件候核辦」，此時章雲突然站起來拿一張卡片走到對面，遞給何方的律師，說道：「這是我女兒昨晚寫給她父親的生日卡，何方明天生日，請轉交給他，謝謝！」

面對章雲突如其來的動作，何方的律師愣住了，未發一語收下卡片後走出法庭，記者們立刻請他出示這張卡片，攝影師搶拍卡片內容，又捕捉了章雲走出法庭的模樣，當天午間新聞標題成為「母親親上火線控訴生父，生日前夕代女請命深盼父女團圓」，卡片的溫馨文字配上安安三歲的相片，加上章雲戴著墨鏡略顯哀怨的神情，淡淡地說：「我只是做一個母親該做的事，希望女兒擁有一般小女孩應有的父愛與快樂的童年。」在各家電視台相繼播出，平面媒體紛紛跟進，熱烈吸引觀眾的目光，辛主編說：「這次媒體戰我們大獲全勝，何家不敵溫情牌，一定會再出面談和解。」

養父的出庭與DNA鑑定

接下來的兩個禮拜，我都在忙著處理沈毅東確認親子關係不存在的訴訟，無暇顧及媒體效應，只在思考如何在最短時間內打完沈曉安與沈毅東父女關係不存在的訴訟。幸好章雲與沈毅東去年離婚時和平收場，雙方並未惡言相向，因此現階段準備另外提告，沈毅東承諾全力配合，畢竟他當了安安五年的父親，疼愛有加。在法院通知開庭時，他特別從上海趕回來出庭應訊，開庭前他來我辦公室詢問相關法律問題，他說：「律師，我會有偽造文書的法律責任嗎？因為實際上我不是安安的父親，卻向戶政機關登記……。」

「不會的，你並沒有犯罪故意，也沒有任何人會檢舉或告發，你只是考慮到孩子的心理感受，以及小孩就學的問題。」我試著分析法律要件，減輕他的不安情緒。沈毅東聽了安心不少，接著表述他的心情：「與章雲交往期間，我就對安安視同己出，很希望給她一個完整的家，章雲也是覺得我對孩子很好，才答應我的求婚，現在雖然兩個人分開了，我還是儘量在回台灣休假期間，帶安安出去走走，當然啦！她找到了親生父親，訴訟上要我配合，為了孩子的幸福，我當然願意出庭向法官解釋，可是想到一旦確認我與安安沒有親子關係後，她就要改姓何，我心裡還是有點失落感……。」

這是一個男人的心境，已經無關乎法律了，我身為律師，今天第一次見面，實在無法給他任何安慰或勸導，只能說：「沈先生，我很佩服您的氣度與對章雲母女的著想，日後安安一定會永遠記住您給予她的親情及祝福。」

十天後家事法庭開庭，我代理安安出庭，沈毅東坐在對面被告席上，面無表情，法官請他提出被告的答辯時，他說：「我承認安安並非我與章雲所生的孩子，上次接到法院通知，已經依照法官的指示，帶著安安前往台大醫院驗完ＤＮＡ，五年前登記沈曉安的父親是我，主要是因為她真正的父親一直沒出面，我們怕孩子入學後心理會有陰影，所以父親欄直接填上我的名字。」法官表示已經收到台大醫院的親子血緣關係檢驗報告，當庭提示給雙方閱覽，上面記載沈曉安與沈毅東無血緣關係，我與沈毅東閱畢，均表示無意見。

法官問：「你與章雲離婚後，有再支付沈曉安撫養費嗎？」沈毅東答道：「沒有，我去年離婚就到上海任職，安安跟著媽媽章雲住，一切費用開銷都是章雲負擔，我只有偶爾返台時，帶安安去吃吃麥當勞，逛逛大賣場，幫她添購一些文具用品。」

法官再問：「你對於沈曉安與何方確認親子關係存在的案件，有什麼意見嗎？」沈毅東很爽快地回答：「沒有，何方本來就是安安的親生父親，他們父女團聚我很欣慰。」

法官作完筆錄後宣布：「本件辯論終結，訂於六月二十日上午十一時同一法庭宣判。」沈毅東領回身分證後，走出法庭，跟我打聲招呼，就匆匆搭車趕往機場搭機返回上海。八月底收到這份判定沈曉安與沈毅東親子關係不存在的判決，我立即影印判決書向家事法庭陳報，同時寄了陳報狀繕本給何方的律師，另外交付判決正本及判決確定證明書給章雲，請她到戶政事務所塗銷安安父親欄「沈毅東」的名字，再申領一份戶籍謄本呈送法院作為證明，那麼何方的律師此後就無法再引用這項登記文件作為拒絕DNA血緣鑑定的藉口了。

果然家事法庭收到這份證明，很快就開庭，我們以為這次何方的律師應該會同意讓何方到醫院接受DNA檢驗了，沒想到他們還是採取「拖」字訣，向法官報告何方出差到歐洲，一個月後才會返國，法官有些不悅，我抗議：「不曉得這是不是被告的策略，用出國的幌子來逃避DNA鑑定！」何方的律師被激怒了，立刻反擊：「什麼叫作『幌子』，出差是公司指派的，出國也是事實，哪有『逃避』？」

我也不甘示弱，駁斥說道：「如果不逃避，明天就可以去醫院接受檢驗，難道出差比認女兒更重要？公司出差延後幾天做不到嗎！」何方律師怒道：「被告人已在法國，怎麼延期？」我再表示：「昨天記者還採訪……。」

法官眼見兩造律師針鋒相對，連忙說道：「這有什麼好吵的，本院向入出境管理局調被告的出境資料就知道了。兩位大律師還是回歸本案回答問題，原告訴訟代理人，如果被告堅持不去醫院作血緣鑑定，你們訴之聲明第一項『確認親子關係存在』，訴訟程序如何進行？針對訴之聲明第二項撫養費三千五百萬的部分，你們雙方可否談和解？因為本院不可能依主計處統計的每月生活開銷判被告支付每個月兩萬五千元台幣給原告作為生活教育費，否則法官會被譏諷為不食人間煙火；可是判決書也不可能判定三千五百萬元一次性給付，因為被告也會擔心孩子還沒長大，這筆撫養費就被花光了。雙方有沒有可能談出分期支付的和解方式？」

何方的律師立刻恭敬地回答：「關於和解我們會再跟當事人溝通。」法官看著我，一時之間我還想不出DNA鑑定的問題如何解決，不過，起身的同時靈機一動，我向法官提出二擇一的選項：「和解的事我們一直在等候被告的回覆，至於血緣鑑定如果被告一味地拒絕，那麼只好請被告的母親及胞妹出庭說明十年前被告與章雲同居的事實，因為被告的妹妹曾到他們同居的地方勸被告回家，被告的母親也在知悉章雲懷孕後，到她家要求章雲拿掉小孩，我們會具狀聲請傳訊這兩位證人。」

法官宣布：「好，本院接獲聲請狀後再訂庭期，退庭。」何方的律師悻悻然提了公事包走過我身邊時拋了一句話：「狠招！」我沒作任何表示，靜靜地走出法庭，法庭外依舊喧譁，有位電視台記者熱心遞上名片，問我有無可能安排安安專訪，趁著父親節前夕表達對父親的思念？我答應代為轉達他的提議。

回到事務所，電話告知章雲今日開庭情形，她為訴訟陷入膠著頗感憂心，覺得記者的專訪也許可以刺激案情進展，於是她直接聯繫記者，讓安安接受採訪，安安表達希望能與父親度過人生第一次真正的父親節，又當場讀了她寫給何方的父親卡，沒料到專訪錄製完成，要訂播出時間之際，突遭電視台高層取消，辛主編向同行打聽，才知道又是何家透過關係阻撓，章雲獲悉消息後，心中不平又愁苦不堪，當晚上班時不知不覺喝醉，凌晨一點哭著打電話給我，我以為出了什麼意外，原來是藉酒澆愁，當下安慰她幾句，叮嚀她下班就回家休息。第二天週末我與家人到南部旅行，章雲又來電說她心情不好，朋友帶她去算命，命理師說這個官司會打一年八個月，如果現在和解，只能要到何家一千三百萬元，假使熬到一年八個月後才和解，就可以拿到加倍的金額；而且目前何方心存觀望，這段期間都不會跟女兒見面。

算命師的話只能姑且聽之，不過倒是給我一個靈感，考慮聲請假處分，請求法院裁定命令何方與女兒會面，同時支付撫養費，否則等到一年八個月後才判決，實在太久了。我告訴章雲這個提議後，她也同意，說道：「打媒體戰，我鬥不過大財團，他們何家一阻止媒體就不敢播新聞；打司法戰又要拖那麼久，真教人心灰意冷，如果藉由假處分，可以讓他們父女見面，也許會有轉機。」

徵得當事人首肯，我趕緊撰寫假處分聲請狀送法院，希望法官明確訂出父女會面方式，以法院裁定方式命何方執行，父女得以早日相見。遞交聲請狀的同時，我也遵照上次親子案法官的指示，寫了一份聲請調查證據狀，請求法官傳訊被告何方的母親何吳瑞琴及胞妹何婷出庭，說明十年前何方與章雲同居及章雲懷孕之事實，並且請求法官命被告何方前往台大醫院接受血緣鑑定。令人意外的是這份書狀日後竟然激起何家極大的反彈，不僅在訴訟程序中增聘律師，還在法庭上極盡羞辱章雲之能事，把一樁親子訴訟轉變成八點檔連續劇。

法官一收到我遞呈的聲請調查證據狀，立刻發出開庭通知，我預料承審法官會深入調查原告請求三千五百萬元撫養費的依據及計算基礎，在國稅局報稅資料相關證據函調到院之前，章雲如若當庭被對造律師質疑未婚生女的實情、鉅額撫養費的計算，必然無法招架他們激烈的攻勢，於是我建議此次章雲暫勿出庭，章雲完全配合。開庭後慶幸她不在場，否則何方新聘的周律師口出惡言，章雲可能會當庭淚崩。

當對方律師使用「拖」字訣時……

一開庭法官就針對我提交聲請調查證據狀，申明法院的立場：「關於原告聲請傳訊被告母親及胞妹，還有要求本院向國稅局調閱被告何方近五年來的報稅資料，事涉隱私，本院暫不調查這些人證、書證，但若被告蓄意拖延，拒絕檢驗DNA，則不排除公權力介入，逕行調查上開原告聲請之事項。」

果然法官也被何方他們的拖延戰術惹煩了，終於提出最後通牒，顯示我們上次使用的二選一策略達到目的，何方若是不希望母親與妹妹出庭、身家財產遭受調查，就需接受DNA血緣鑑定，何方必須在其中二選一。

法官一表態，何方的律師開始跳腳，周律師首先發難，他長得一臉橫肉，殺氣騰騰，如若沒跟他交手過，必然無法相信台北的司法圈居然有這一號殺手——披著律師袍的知識流氓！周律師以極盡誇張的語調說：「如果章雲當時有很多男朋友，怎能叫我們去驗DNA就去驗？當年被告是在鋼琴酒吧認識章雲，被告只是逢場作戲，豈有可能與章雲共許未來、生兒育女？章雲在鋼琴酒吧是紅牌，很多客人，誰知道孩子是誰的？」

這是從律師嘴裡講出來的話？如果不是當庭聽到，真覺得難以置信！我立即反駁：「請書記官記明筆錄，周大律師人身攻擊，對於這些不實的敘述，原告法定代理人章雲保留法律追訴權。審判長，訴訟期間被告經常抹黑章雲，包括向媒體影射章雲是酒家女、竟日豪賭，這些都是子虛烏有之事，章雲是在鋼琴酒吧上班，但並非風月場所，十年前她只跟何方交往、同居一處，並沒有像周律師所稱的『很多男朋友』，周律師要詆毀我的當事人之前，請先拿出證據來。」

周律師冷笑之餘，還想回應，法官及時阻止，請兩造律師回歸案件主題，周律師立即換副嘴臉，堆滿笑容說：「被告絕對有誠意去驗DNA，不過要等一個月回國後才有空去醫院驗。」我再度抗議：「審判長，被告又在拖延，他根本沒出國，請法官去調出境資料就知道。」周律師從資料夾中抽出兩張文件當庭呈上給法官，說明；「這是何方出國的出境戳章及護照影本，請庭上過目。」我再質疑：「這是影印的資料，文件的形式真正我們有爭執。縱使出境資料影本屬實，也只能證明何方曾出國，無法證明目前還留在國外，或是一個月後才回國。」

法官顯然厭煩了雙方律師關於DNA血緣鑑定的拉鋸戰，逕自宣布：「本院命被告何方於十日內前往台大醫院醫學檢驗科提供檢體採樣，完成DNA血緣鑑定手續。」

接下來又是另一個爭點的論戰，法官詢問被告對於原告訴求三千五百萬撫養費的意見。周律師傲慢地主張：「被告不同意，如果鑑定出來沈曉安是何方的女兒，在撫養費方面我們主張只能依行政院主計處統計國民每月生活費平均新台幣一萬四千餘元來按月支付。」法官說：「這樣過低。我有看到周大律師提的證據，行政院主計處的數據是台灣省的標準，被告是台北市市民，應採用台北市標準。」周律師顯然有備而來，提出新的數據：「報告審判長，台北市標準是每月兩萬六千元，應該由原告的母親章雲與被告平均分擔，一人一半。」法官反問：「為何由父、母平均分攤？你們不是提過章雲工作不穩定、債台高築？」

呵呵！法官反應真快，這下被告律師顯然自相矛盾了，看他們如何自圓其說！周律師停了半晌沒發言，另一位施律師趕緊補充解釋：「民法規定關於子女之撫養須由父、母平均分擔。」

法官轉過來問我：「原告意見呢？」我表明無法接受平均分擔的主張。施律師見狀補充：「如果九月小孩開學，章小姐繳學費有困難，可以持學校繳費單向被告實報實銷。」我當下拒絕，強調：「我們不當乞丐。什麼叫做『實報實銷』？章雲又不是何方的員工，父親的撫養義務含有親情成分，怎麼變成公事公辦的『實報實銷』？這樣孩子能感受到父親對她的付出與關心嗎？」

周律師冷言冷語地說：「大律師，妳想太多了，父親願意付學費，何須拘泥於什麼形式？」法官眼見口水戰又要展開，連忙將庭訊轉移到另一項法律爭點：「被告的每一個子女須否平均對待？原告在準備書狀提出法律依據源於子女平等權及倫理觀點，被告有何意見？」周律師大力反對，他說：「沈曉安是非婚生子女，跟被告的長子何信不可相提並論。」

又是貶抑之語！周律師今天出庭的任務似乎就是把章雲母女形塑成貪婪的原告，讓法官對她們印象惡劣，藉機大幅降低撫養費。相較之下，何方的另一位訴訟代理人——施律師的說詞還比較人性化，她說：「每一名子女的需求不同，不能一視同仁、比照辦理，被告的長子何信是男生，課餘之暇學騎馬，沈曉安是女生，上才藝班去學舞蹈，又如沈曉安原來是念公立小學，也念得不錯，一切都適應了，就無需刻意轉學到何信念的美國學校。身為父母親不需要強求每個孩子接受相同的教育或才藝培養。」

乍聽之下，彷彿純粹基於兒童教育、心理學作判斷，其實骨子裡還是有差別待遇及歧視的心態。我向法官說明何家的家族培養下一代的方式及實例，幾乎何方的表兄弟姊妹的小孩清一色就讀美國學校，高中畢業就送到國外念書。再強調心理學上「手足競爭」的理論，認為子女間的差異教養，將帶給接受較差待遇的子女心理創傷，影響人格發展，主張如果沈曉安與同父異母的弟弟在環境差異懸殊的學校讀書，日後人格發展會導致心理不平衡的陰影。

法官聽完雙方論述，下結論：「本院認為同一被告的不同子女應受到同等待遇，不分婚生或非婚生子女。被告應於五日內陳報其長子之戶籍資料及就讀學校的證明，退庭。」

當天晚上的晚間新聞各電視台及晚報皆深入報導今日庭訊內容，輪番報導的同時帶動了談話性節目開始探討婚生子女與非婚生子女的差別待遇專題，我也被邀請上節目解析章雲和安安的案例。電視台記者翌日來電詢問章雲何時帶安安去台大醫院檢驗ＤＮＡ，還提到他們已派記者到台大醫院基因醫學科門診處等候何方的蹤跡。很明顯地媒體圈已對這個案子產生莫大的關注，主動定期報導案件訴訟進度，何家已無法擋住媒體的追逐了。

一週後何家請託某週刊總編輯傳話，向章雲表示非常同情她們母女處境，提出假設性的問題：倘若何方的妻子白孟琪欲與章雲坐下來談，章雲是否願意？總編輯言談之間，章雲感受到她的關懷之情，於是深情傾吐，一度落淚，但最終仍婉拒與白孟琪會面，認為這個案子是她與何方的事，不宜由白孟琪出面介入。

章雲忙著與媒體周旋之際，我也被醫院鑑定DNA的手續弄得有點混亂，因為開庭後第九天，書記官來電詢問：「原告的施律師具狀陳報何方昨日已到醫院驗DNA，可是台大醫院的人告訴他，沈曉安的檢體已被章雲領走，法官問這是怎麼一回事？檢體被領走，醫院就無法比對DNA……」我聽了非常驚訝，表示不可能，章雲不會做這種事。於是我立刻聯繫台大醫院DNA承辦人員，他說：「我查過，沈曉安的檢體沒有領走，我們醫院不會發生這種事。究竟是誰要這樣破壞我們醫院的名譽呢？而且當初沈曉安的檢體有作備份，縱使檢體被取走，她的DNA保存年限是五年，也可以用DNA的數值比對，不會影響我們的鑑定程序。請律師問一下何先生那邊，到底是我們醫院哪一個單位、哪一個人、哪個分機告知此事？」

醫院人員的回應我轉述給施律師聽，她只是淡然地說：「我沒陪他去，是何先生這樣告訴我的。」真是胡亂傳聞，只是想攪亂一池混水吧！我向家事法庭書記官回報，她說：「我們也有向醫院查證，確實沒這回事，也許是被告弄錯了，可能他不是到基因醫學部採取檢體，而是到檢驗醫學科，那邊當然沒有沈曉安的檢體。我們已經應台大醫院的要求寄發公文，請醫院不同單位作整合，合併給我們DNA鑑定報告，不過報告出來後，你們律師不能到醫院看。」我反問道：「不能看報告，我怎麼進行法庭攻防？」書記官答道：「等法院收到醫院的檢驗報告，就會通知雙方律師來閱卷。」

等了兩個禮拜都沒接到書記官通知閱卷的電話，倒是收到法院開庭通知，我告訴章雲如果這次開庭沒有拿到DNA鑑定報告，案情不會有進展，徒然讓被告律師上法庭做秀，章雲問：「醫院一般作血緣鑑定需要這麼久嗎？已經一個多月了，還是我明天跑一趟，直接去醫院了解狀況？」我覺得事有蹊蹺，同意章雲親自走一遭。

翌日傍晚章雲來電說：「律師，對不起！我來晚了，基因醫學門診的醫師已經下班了，問不到資訊，我明天再來。」我提醒她最好在開庭前取得鑑定報告，她說會盡力索取。可是第二天章雲早早到了醫院，依然撲空，她先到基因醫學科，護士查詢電腦資料，表示何方未在基因醫學科檢驗，章雲再到檢驗醫學科，好不容易找到負責檢驗的醫生，他說何方的DNA比對已經完成，檢驗報告已送祕書處，章雲立刻趕到祕書室，承辦人員稱：「檢驗報告正在送院長用印簽呈中，送印完畢公文會送醫院收發室，派專人送法院，我們不能交給受驗者或家屬，因為這一件是法院囑託我們醫院檢驗的，報告必須交回給法院，請妳直接到法院看。」醫院與法院間的公文往來程序，當事人無法介入，只好等候法院通知。

過兩天我電詢書記官，發現檢驗報告還沒送達法院，我請章雲再到醫院詢問：「我認為用印程序不可能長達三日，尤其祕書室都知道這一件我們在趕時間，到底哪裡出狀況？」章雲疑心又起：「律師，會不會何家涉入，要求醫院拖延下來？」我說：「別亂猜了，妳去問就知道真相了。」結果章雲到醫院了解的真相更加啟人疑竇！祕書室人員敘述昨日送公文的經過：「昨天我們送上去，上面說內容不妥，指示退回重擬，我們聯絡負責醫師改寫公文，剛剛又送一次，不知道今天下班前能不能用印完。」章雲見承辦人員面善心慈，不禁嘆道：「奇怪！為什麼還需要改公文，DNA合就合、不合就不合，有什麼好改的？明天我們這個案子就要開庭了，如果法官沒收到這份報告，案子又要再拖，我女兒都沒錢繳學費了……」又千叮嚀萬拜託，祕書室人員終於答應她今天下班前儘量盯緊這份公文的進度，趕在六點下班前送到法院收發室。

我聽到章雲電話裡氣喘吁吁的轉述，立刻撥電話給書記官，請她催促醫院，書記官語氣不耐煩地回道：「大律師，醫院處理完就會送來我們法院，不用去催啊！而且妳的當事人都去過醫院了，我們再去催也不會更快。」請求遭拒，只好明早再想辦法。

由於ＤＮＡ血緣鑑定情況未臻明朗，當天晚上章雲又與辛主編一起來我辦公室商量第二天的庭期如何因應。我分析如果醫院ＤＮＡ無法及時送到，章雲出庭也發揮不了作用，現在全案的焦點就落在ＤＮＡ血緣鑑定報告，辛主編提議章雲無庸出庭：「剛好明天總統要嫁女兒，這個世紀婚禮的大消息一定占滿媒體版面，章雲出庭也沒辦法引起媒體關注，搞不好明天法庭只來一、二個記者，又見不到ＤＮＡ報告，媒體索性就不報導了。」

章雲點點頭，又問：「我女兒呢？要去嗎？上次法官好像有提到她，是不是要問她關於學校的事……」我正在翻閱上次開庭的筆錄，聽到安安來電問媽媽要不要等她回家簽完聯絡本再睡？章雲順勢把手機遞給我，我搖搖頭，請章雲自己問安安明天想不想出庭？章雲把手機轉為擴音，問道：「安安，媽媽在律師阿姨這裡，阿姨說明天法院要開庭了，法官可能要問妳一些事情，妳想出庭嗎？」安安停了一會兒，答道：「我不想去欸，可以不去嗎？我想等到爸爸出庭才去看看爸爸。」我說：「可以不去啊！妳若不想去，明天阿姨幫妳跟法官說就好了，明天爸爸還不會去法院。」手機掛斷後，辛主編也插句話：「不去也好，安安要上課，上次法官不是有提到儘量不要讓小孩上媒體，如果安安明天去了，在媒體曝光，又會引起法官反感。」

於是三人共同決定明天章雲母女皆不出庭，由我應付法庭狀況，我們設想出不同的因應方式：倘使DNA報告送到法院，DNA比對結果，何方與安安的父女DNA相符，就由媒體去逼問被告如何解決孩子的問題；假設比對結果DNA不符，我方就主張醫院檢驗過程有疑義，請求送到國外檢驗。

章雲聽到我的分析，憂愁地問：「DNA怎麼會不符合呢？安安明明就是他的親生女兒……。」我故作輕鬆地安慰她：「是啊！是啊！應該是符合的，妳也知道我們律師總是杞人憂天，想到最壞的狀況，妳聽聽就好，這麼晚了，回家吧！女兒還在等妳簽聯絡簿呢！」

其實我心裡一點都不輕鬆，案件發展迄今的不順利、醫院檢驗的遲延、對方律師的敵意，似乎還有一隻看不見的手在撩撥介入法庭內外的活動，明槍易躲、暗箭難防，到底明天會面對如何的情況呢？章雲與辛主編道別後開車離去，我稍事整理明早開庭資料，正要鎖上辦公室的門時，章雲傳來一則簡訊：「律師，我真的很無奈，也很沮喪，醫院多日的刁難、書記官態度轉為冷漠，ＤＮＡ報告又還沒確定……，沒想到一場官司與豪門相抗爭，如此無助、壓力沉重！」出庭前夕，波瀾起伏，我得比當事人冷靜、堅強，回覆她：「別想太多，好好回家陪女兒，法庭的事就交給我，不要煩惱了。」

第二天章雲特意早起，八點半就電詢台大醫院祕書室，得到的答覆是ＤＮＡ檢驗報告昨日下午五點已確定送到台北地院收發室。我一收到章雲的消息，立刻聯繫書記官想請她趕在開庭前先到收發室拿公文，卻碰到釘子，執達員說：「書記官不在……，她不會再進辦公室，她直接去開庭了。收發室的公文依程序，可能要兩、三天才會到書記官這裡。」

九點四十五分就要開庭了，一時之間恐怕聯絡不上書記官，只能衝到法院臨機應變。我在九點二十分抵達第二十五法庭，法官已經在開第一件的案子了，等到他結束第一件案子，我趕緊跑到法庭前面央請法官先指派庭務員到收發室拿檢驗報告，法官臉色明顯不悅：「大律師，妳這樣是違反程序，醫院送公文到法院，有它一定的流程，公文還沒到我這裡，我怎麼去拿呢？更何況台大醫院到底昨天有沒有送過來，也不知道，妳也沒看到……。」

第二件案子的兩造律師已就座，對於法庭前方突如其來的插曲，咸感莫名其妙！我接著強調：「我確定已經送到，早上八點半台大醫院祕書室的人告訴我們的，如果法官不相信，可以打電話問一樓收發室。」法官定定地望著我，不動如山，我再懇求：「審判長，等一下第三件案子就換我們這一件，您今天審理的重點就是這份DNA報告，您可以趁現在要開第二件案件時，派庭務員先到收發室拿公文，等一下開庭就可以看，也不會浪費您今天的庭期。」法官依舊板著一張臉：「不用大律師來指揮訴訟！」我趕緊致歉，連聲說：「不敢！不敢！」法官臉色稍微和緩，指示書記官用法庭電話接到收發室，確認台大醫院公文已收到並登錄完成，法官下令要求收發室以最速件直接送到二十五法庭。

我終於鬆了一口氣，立刻退出法庭，走到外面長廊等候公文，十點鐘法官審完第二件案子，庭務員點我們這一件呼當事人與兩造律師的名字時，正巧收發室專人送達公文進來，法官打開台大醫院的檢驗報告，專注地閱讀內容。DNA鑑定謎底即將揭曉，訴訟代理人席上的雙方律師臉上難掩緊張神色，過了幾分鐘，法官一面指示書記官打字記明檢驗報告的結論，一面將檢驗報告遞給庭務員，轉交兩造律師當庭閱覽，庭務員大概感受到我的著急心情，不由分說先拿給我看，我一翻開檢驗報告，確認第一頁記明檢驗者是何方與沈曉安，就直接翻到最後一頁：「……

DNA比對結果，九九．七五％相符，何方與沈曉安經鑑定具有父女血緣關係。」心中頓時煙火紛飛，一片歡樂；被告律師看到我的神色，已約莫猜到幾分，等他們一讀完報告，臉色愈來愈沉，庭務員把檢驗報告交回法官手上，法官問：「兩造訴代對於這份報告有何意見？」

我立刻表示沒有意見，何方的兩位律師皺起眉頭答道：「請庭上容我們閱卷後，把檢驗報告影印給當事人看過，再具狀表示意見。」法官同意後，就開始調查原告撫養費的訴求。

法官問：「去年被告付款五百萬予原告的法定代理人章雲小姐，這些款項是借款或撫養費？被告訴代你們上次提出的準備書狀附了很多張單據，有匯款水單，也有支票，可是書狀中金額好幾個地方都對不起來，你們今天是不是先口頭說明，再回去重新整理一次？」

施律師邊翻卷宗邊回答：「審判長說的金額不符是指……？我們有核對過才送法院的。」法官說：「書狀第二頁寫一百八十七萬，匯款單是一百八十萬，第四頁支票票面金額寫九十二萬，後面附的支票影本是九十五萬，怎麼這麼亂？」施律師臉色尷尬地表示下次再送正確的數據到法院。

法官轉過來問我：「原告訴代有何意見？」我說：「這些合計五百萬元的款項

都是借款，是去年被告答應幫章雲過票還款的錢，至於個別單據代理人要請章小姐核對後再陳報。」

法官又問：「原告主張是借款有何證據？當初有簽借據嗎？或是雙方有立什麼借貸契約？」我再答：「借款時雙方都沒簽借據，有證人可以出面說明，證人姓名與地址我們再陳報。」法官指示收到我的聲請狀後再行傳喚。

法官繼續問被告律師：「被告可否提出近三年的薪資扣繳證明及報稅資料？如果無法提出，本院將函詢國稅局及世聯企業公司。」周律師無奈地回答：「這些薪水、資產都是個人隱私，按理說被告沒有義務提出，不過，如果法官認為有必要，我們回去會問當事人，看是不是可以主動提出。」

法官隨即宣布：「方才請兩造陳報的事項，請在一週內提出，本件候核辦，俟本院函調的資料到院再訂庭期。」我走出法院，心中欣喜，一掃連月的陰霾，一上計程車就迫不及待告訴章雲DNA報告天大的好消息，章雲聽了猶如一塊大石頭落地，念聲謝天謝地，要去行天宮拜拜了。我提醒她儘快聯絡當時負責借款傳話的證人，免得讓何方搶先找到證人，影響她出庭作證的意願。

盡力推動和解與父女見面

回到事務所，決定趁勝追擊，對於假處分的聲請除了陳報DNA檢驗報告之外，再加碼請求。我在假處分陳報狀中強調下週日是安安十歲生日，請求法院儘速裁決父女會面方式，期使何方在安安出生後第一次陪伴她度過生日。我親自送書狀到法院，特意到分案室查詢假處分的分案，通常假處分的案件聲請後，十天至兩週內即會開庭，沒料到這一件居然聲請三週後仍查無音訊，令人訝異！

分案室的承辦人員透過電腦查詢才知悉，這件分案發生錯誤，一般此類家事案件應該分由家事法庭的法官審理，尤其是同一當事人已提告親子關係或撫養費的訴訟，必須由同一法官受理，才不會產生兩案裁判矛盾的情形，結果我們的假處分聲請案竟然分到民事執行處的癸股法官，顯然是分案室誤以為它是財產案件，沒注意聲請狀內容——親子會面方式屬於家事案件。

我聽了傻眼，請教分案室的承辦人：「那現在怎麼辦？分案錯誤怎麼補救？」他說：「照規定要由執行處的癸股法官退回案件，我們分案室再重新給現在在審理你們親子關係案的吉股法官。」這一來一往豈不拖到下個月了？我焦急地問：「請問要怎樣處理，你們流程才會快一點？因為我們這一件假處分有時間性，必須請法官趕快裁定下來。」分案室人員熱心地提醒：「律師妳可以直接去找執行處的癸股法官，請他快點退回這個案子，他一退回來，我們立刻重分案，一天之內就可以送到吉股那邊。」

事不宜遲，我立刻衝到執行處，剛巧癸股法官在辦公室，敘明來意後，他打開身後的鐵櫃找出我們的假處分聲請案，說道：「這一件我有印象，是分案室弄錯了，我有交代書記官退回，可能是我的書記官最近請產假，所以一直沒動，她昨天已經回去上班了，我等一會兒就叫她過來辦，……」他邊說邊翻看聲請狀，好意提醒：「律師，妳這個聲請應該會被駁回，依我在執行處辦案的經驗，這種聲請要求父親這一方提供作為義務，根本無法強制執行，一定會被駁回的。」

真是倒楣，分案錯誤已是耽誤案件進度了，執行處法官又預測假處分聲請必遭駁回，只能苦笑著向法官致謝，請他儘速退回此案。雖然明知這位法官善意的分析完全符合法律規定的，這一類的假處分聲請確定困難重重，可是想到安安期盼早日與父親相聚的心情，實在不忍心目睹她一次次失望的神情；而且在訴訟策略的考量上，縱使假處分最終慘遭駁回，這項提出聲請的動作仍然會造成何家相當的壓力，對於雙方的和解希望能發生催化的作用，因此仍然盡力嘗試向法院提出聲請。

第二天下午我向家事法庭吉股書記官確認假處分聲請案已經分到他們這一股，書記官說：「律師，法官已經訂下週一開庭，我們會立刻寄出開庭通知。」終於案件有進展了，我趕緊通知章雲準備出庭，她也很開心有機會幫女兒爭取父女會面的機會，允諾在法庭上努力說服法官。

只是開庭時我們才猛然察覺，法官對於案件事實部分並不重視，章雲根本沒有陳述女兒思父之情的切入點，整個庭訊法官僅針對民事訴訟法第五三八條的規定：「於爭執之法律關係有定暫時狀態之必要」，詢問雙方律師法律上的意見。

我強調：「聲請人沈曉安今年九歲，出生至今從來沒見過父親，在我們提起親子關係確認之訴已經好幾個月，一直和解談不成。相對人也沒任何表示要見親生女兒，基於人倫親情，為了孩子的人格成長，我們認為在本案判決確定之前透過假處分程序聲請鈞院定出父女會面方式的暫時狀態，非常有必要，完全符合第五三八條的規定。因為孩子的童年無法重來，相對人何方在聲請人沈曉安的生命中已經空白了十年，這長達十年缺席的父愛造成女兒心靈的鉅大創傷，包括父親給予的安全感、生活依靠，甚至對於男性的信任，這些都是無法取代的，雖然安安與母親很親密，但是這些來自於父親的關心、疼愛與付出，不是母愛親情可以取代或彌補的。」法官似乎是典型的法律人，只著重法律條文與要件，對於我訴諸感性的柔性籲求完全無動於衷，只是冷淡地說：「相對人這邊有什麼意見？同意假處分的聲請嗎？」

何方的律師立刻表示：「庭上，我們不同意！相對人認為本件並無定暫時狀態的必要。DNA血緣關係鑑定報告寫得很清楚，沈曉安就是何方的親生女兒，相信庭上已經看過這份醫學報告，父女天性，這種血緣親情一輩子都不會改變，縱使安安長大、何方變老，光陰流逝，他們之間的父女關係永遠存在，彼此自然就會見面，何需透過法院假處分來判定?!而且親情應該自然流露，如果都要藉由公權力介入，來命令這一對父女幾月幾日見面、幾點見到幾點，星期幾又不能見面……，這不是很勉強嗎？這樣的裁定反而會影響父女正常關係，何方是個好父親，他有個兒子，已經七歲了，他知道怎樣善盡父親的職責，不需要公權力來強迫他一定要依循什麼方式才能見女兒。法律有時而窮，它只是最低度的道德界限，關於疼愛女兒的方式，法律應該讓身為父親的當事人用他做得到、自然而然的方式表達，這樣對沈曉安才是最好的，因此本件我們認為並無依聲請人訂出的親子會面方式定暫時狀態的必要。」

看來何方砸下重金，新聘的知名家事案件律師確實名不虛傳，答辯內容鏗鏘有力，連審判席上始終神情淡漠的法官都點頭示意，章雲看了愈發著急，舉手欲發言，法官看了她一眼：「妳是聲請人的法定代理人吧？有什麼話要說？」

章雲起身緩緩陳述：「我很認同對方律師說的『父女天性』，親情應該自然而然流露，就因為九年多來，何方完全忽略這個親生女兒，沒有流露他的『父女天性』，我迫不得已才聲請假處分。這些年來我一個人照顧女兒，半夜發燒、受傷送醫、颱風地震，都是我們母女相依為命，何方沒有盡到一丁點做父親的責任，今天他的律師卻在法庭上說父愛要自然而然地付出，請問要等到什麼時候？再一個十年嗎？孩子有多少時間可以等待？要等到她二十歲、三十歲，還是四十歲？……」

平日拙於言辭的章雲居然口若懸河、擲地有聲，真是應了那句俗諺：「女子者弱，為母則強！」然而綜觀法庭各方人士反應不一，何方的律師眼光明顯避開章雲直視的眼神，法官依然是同一個表情，喜怒不形於色，只是淡然地說：「兩造的意見皆已充分表達，本件下週裁定。」

章雲走出法庭，臉色凝重地問道：「律師，法官是不是比較聽得下他們講的理由？這樣是不是會判不准我們的聲請？」我實話實說：「看他剛剛的態度似乎無法理解我們的處境，不過法官回去會再看卷宗資料，說不定會改變看法，不要想太多。」在裁判結果還沒出來之前，通常需要鼓勵當事人保持樂觀的態度，訴訟過程已經夠折騰了，怎忍心讓他們提早憂煩不確定的裁判結果！

不過，這種安慰只維持數日的溫暖，過了一個星期，我們就收到駁回的裁定書，主要理由是：「血緣鑑定前，聲請人戶籍上尚有父親欄登記為沈毅東，如貿然相見，徒增兩造尷尬與困擾，而台大醫院血緣鑑定後，相對人已承諾只要有時間，雙方隨時都可會面，本件假處分並無重大損害、急迫之強暴或其他情形，實無為假處分之必要性及急迫性，聲請為無理由，應予駁回。」

我轉述裁定書的重點給章雲聽過後，電話中她沉默不語，過幾天才知道當天晚上章雲又獨自灌醉，我立即打電話告訴她ＤＮＡ血緣鑑定報告支持我們的立場，已打贏第一仗，安安認祖歸宗已無阻力，接下來透過撫養費的訴訟，讓安安未來的生活有了依靠，而在訴訟進行中盡力推動和解及父女會面的機會，才是務實的做法，切莫在初期遭受些許挫折，就失意沮喪，借酒澆愁，以免銷蝕鬥志，無法在漫長的訴訟程序一路挺進。章雲聽進了勸言，打起精神，繼續作長期抗戰的準備。

家事法庭確定原告沈曉安與被告何方的親子血緣關係後，開始調查撫養費的訴求，法官整理出三個爭點：一、去年被告支付五百萬元的性質係借款、贈與或孩子撫養費？二、子女撫養費應該一次性給付或按月分期支付？如分期支付，每月應支付金額之計算標準？三、原告請求三千五百萬的撫養費是否合理？

關於五百萬元的性質，章雲認為何方當初匯款是雪中送炭，根本沒要她日後歸還，我分析法律性質：「如果對方沒要求返還，在法律上算是贈與。問題是妳有證據證明何方這筆錢是要送妳的嗎？人證、物證都可以。因為他們律師在法庭上主張這是給孩子的撫養費，可見何方連借款都不承認了，更別提『贈與』了，所以我們原告要舉證。」

「律師，妳也知道，當時那種狀況根本不可能要求何方寫字據或出證明，他願意慷慨解囊，我已經感激萬分。我想他也是念在我們過往的情分，不忍心見我落難，被債主逼急了，沒辦法全心照顧女兒……」章雲述說當時的情境。

「明白，可是這些心意、情分，到了法庭就得以『證據』的形式呈現給法官看，因為法官並沒有參與你們往昔的事件，他無法去體驗、感受你們當時的心意，縱使事後能夠理解或體會，也不能用一種感覺去寫判決書，必須以客觀存在的證據來支持他的判決理由，因此司法俗諺常說『舉證之所在，敗訴之所在』。既然『贈與』的說詞欠缺證據，那麼可不可以認定是借款呢？至少當時匯款給妳，何方沒提過是要給安安當生活費吧？」我退一步思索法庭上可以說服法官的法律關係。

「那一段時間，都是向晴幫我們聯絡，她可以作證說明。只是她跟何方很熟，這麼多年來何方如果換手機、換工作，一定會留新的聯絡電話給她，我怕向晴不肯幫我作證。」章雲好不容易想出一個證人，卻對證人立場沒把握，我請她出面溝通，再決定是否適當傳訊向晴出庭作證，「因為妳如果無法提出任何證據，法官可能就採信被告的說辭，認定這筆五百萬元是撫養費。現在至少有向晴這個證人，可以出來釐清五百萬的資金往來原因，不然單靠銀行的支票、匯款水單，上面也沒記載對方支付的原因，法官哪有辦法認定是借款。當然妳的顧慮是有可能發生的，向晴聽起來與何方交情甚篤，我記得妳上次有提到幾年前何方向向晴傾吐思女之苦，向晴還帶安安去跟何方見面，那麼向晴出庭，很可能作不利於妳的證詞，或者說她不知道、忘記了，免得惹惱何方；可是如果妳這邊想不出任何其他證人，我們也只能嘗試詢問向晴作證的意願，倘使她堅決不幫忙，我們再來想辦法。」事到如今，我建議不妨一試。

章雲很快就與向晴見面告知出庭之事，果然向晴覺得左右為難，婉拒作證。後來拗不過章雲的請託，答應出庭說明，但附上兩項先決條件：一、勿在公開法庭作證，希望在調解庭私下作說明，以免媒體渲染；二、必須先徵得何方的同意。章雲接受了，翌日向晴與何方溝通出庭作證之想法，不知何方是對訴訟程序不了解，無從得悉向晴證詞的利害關係，或是兩人情誼甚深，不便阻止，出乎意料地，他完全不在意向晴出庭，向晴事後也沒透露詳情，只是轉述何方的氣話：「章雲去告我，真三八！要撫養費，等我死了再說。」章雲聽了自然又有情緒。

我勸章雲毋須理會這些情緒言語，眼前的主要目標還是如何在法庭上爭取法官接受我們的訴求。我同時向法官請求以調解庭的方式詢問證人向晴，法官同意，立刻訂出庭期。

章雲知道庭期後，託我開庭前與向晴見面聊聊，地點就約在捷運站附近的咖啡廳，孰料一見面，向晴開口就表示何方、章雲之間的資金往來是借款或撫養費，她並不知悉。

啊！證人這種說辭，上了法庭對我們無濟於事，法官也會覺得傳訊這位證人浪費庭期，看來向晴不願得罪兩邊的朋友，她之所以答應章雲出庭，是避免失去章雲的友誼，可是對於關鍵問題不表態，免得何方在訴訟上受到不利的認定。

這麼一來章雲的法庭上主張就無法獲得證人的證詞支持了。我試著旁敲側擊，希望能回復向晴更多的記憶，「當初是妳安排章雲與何方見面的？」向晴點點頭，我接著問：「那時候章雲是不是欠了別人不少錢？」向晴話匣子一開，就感受得到她對朋友的仗義之情：「對啊！我看章雲很苦，被倒帳三、四百萬，光光付利息，她就快撐不過來了，那段時間經濟又不景氣，鋼琴酒吧生意清淡，一個晚上有時才來一、二桌客人，我就打電話給何方，說了章雲的近況，何方就說要幫章雲過票，後來他錢匯過去，章雲開給債主的幾張支票就過了。」

「何方匯款時有提到要章雲開票給他，或哪時候要還嗎？」我追問。向晴瞪大眼睛：「怎麼可能！章雲欠債嘛，就幫她週轉，何方也不忍心看到章雲被債主追得喘不過氣來。」「聽起來不像是要付撫養費，而是何方要幫章雲還債，如果這筆錢沒要章雲還就是贈與；如果章雲要還錢，就算借款了。」我努力想要釐清何方付款的法律性質。向晴笑了出來，「你們律師才會去分析這些，當時急著過票，哪裡會作什麼約定，雙方都沒講啊！」章雲嘆口氣，幽幽地說：「是啊！他願意幫我過票，就很感激了，當然不會簽字據，或是追著問是什麼錢。」

通常當事人的行徑在事情發生的當下，一切自然形成，不會細思或多慮，不過事後爭訟搬上了法庭，就必須細細分析定性，才能找出適用的法條，這個過程是律師的挑戰及成就感所在！不過，眼下我絲毫感受不出其間可以出現任何成就感，只擔憂這一關不知如何突破！因為向晴這一類重視義氣的朋友，必然顧念她與何方的情誼，上了法庭是不可能輕易改變說辭，我也不願刻意影響證人，只能思索向晴的這一番敘述日後出庭成為證詞之後，我如何向法院解釋，才能幫章雲找到有利的法律立場。

章雲見我陷入沉思，於是從皮包掏出一疊安安的相片，挑了幾張前幾天安安生日的相片遞給向晴，託請她交給何方，轉告何方希望他能出面商談和解。向晴收了相片，拍拍章雲肩頭，向我們道聲再見，走出咖啡廳。

過兩天家事法庭的法官來電確認證人是否會出庭，我表示證人向晴已同意出庭，法官說：「既然是在調解庭進行，程序較輕鬆，請妳通知原告帶小孩沈曉安出庭，我要詢問她的就學及生活狀況。」我允諾立即轉達當事人，安排女兒出庭事宜。

恰巧章雲來電，「上次碰面後，向晴有把相片拿給何方，昨天何方要向晴跟我約時間，他說想與安安碰面。」我說：「向晴真夠朋友！她是真的關心你們母女。」章雲兀自地說：「她提到何方只要跟安安見面，我不用陪著去，而且何方還不想談和解的事。」我提醒她只要父女見面，其他的問題就會迎刃而解。章雲依然有點沮喪，「真的嗎？我打官司打到現在，也很累了，不曉得哪時候會結束？而且我也擔心何方真的見了安安之後，會不會更想把她帶走？因為他老婆只生了兒子，沒有女兒，一定會捨不得女兒的。」

我提醒她女兒的幸福，才是我們打官司最大的目的，何方不是無情無義的人，不可能只想占有女兒，而都不考慮母親的感受，更何況何方的妻子願不願意接納安安成為家庭的一分子，還是個問號，何方家裡還沒談妥，應該不會貿然把女兒帶回家住的。我說：「現在還不用想這麼多，回去好好跟安安提要跟爸爸見面的事，給她心理建設，才是妳眼前該做的。」把當事人從一堆煩惱中拉出來，引導到正途，才是律師該扮演的角色吧！

父女終於相見，母親心裡矛盾

章雲跟向晴約在週三下午，安安只上半天課，午後一點出發，向晴到章雲家接安安，「我跟何方約在晶華飯店，傍晚會送安安回來。」向晴搖下車窗告訴章雲。辛主編知道他們父女碰面地點，立刻找雜誌社攝影師火速趕到晶華飯店，企圖作獨家報導，可是在大廳等候多時，一無所獲，事後才知道向晴帶安安到晶華飯店門口，就被何方的司機接走載到世聯企業大樓的辦公室。

送安安進門後，向晴隨即離去，留下安安與何方及其妻子單獨相處。何方問：「妳認識我嗎？」安安抓著裙角說：「認識。」何方又問：「妳知道我是誰嗎？」安安與他四目相視：「知道。」何方繼續問：「妳知不知道妳今天來做什麼？」安安回稱不知道。

何方笑一笑，走到辦公桌撥電話說：「施律師，孩子到了，我們正在聊天，晚點再跟妳聯絡。」何方的妻子坐到安安旁邊，問起安安學校的事，以及舞蹈班的進度，「安安，妳喜歡打電腦嗎？要不要到我們家打電腦？」安安遲疑一下，小聲地說：「要問媽媽。」何方走過來，看著妻子拿了一個小熊背包給安安，「妳上舞蹈班可以揹，裡面有兩個小袋子。」安安把玩小熊背包，開心地與何方夫妻聊天。

四點多安安回到家，章雲見到安安心滿意足的神情，五味雜陳，開口問道：「有沒有叫爸爸？」安安搖頭，「要走的時候，我說叔叔、阿姨再見。」章雲又問：「有沒有向爸爸要照片、電話？」安安說她不敢；章雲好奇地問：「想再去見爸爸嗎？」安安想一想說：「不知道。」

過幾天章雲才告訴我，當天晚上她又哭著把自己灌醉了，我問她發生什麼事了？她才表達心中的不平衡，「為什麼何方一跟安安見面，就要打電話告訴律師通知法官，是不是只想做給法官、媒體看，而不是真心想見面？」語氣中仍是不平，我這時才恍然大悟，難怪昨天打電話給法官回覆調解庭安安出庭的時間，法官表示何方父女已見面了，應該是何方的律師及時回報給法官。

似乎章雲的猜測有幾分正確性，這場父女會面是刻意安排的場景，所以氣氛和樂、致贈禮物、互動融洽，會面的點點滴滴都是準備提供給律師作為陳報法院的材料。這麼一來豈不是利用孩子演出親情劇，說出我的推測後，章雲依舊覺得疑惑，「為什麼何方見過女兒，還不出面談和解？」種種的安排與疑問，在一週後收到何方提告「酌定監護權」案件的起訴狀終於獲得了答案。章雲看完書狀，立即來電，音調提高八度，「律師，他是不是要搶走我女兒？」我說：「他最終還是採取這個狠招了，記不記得幾個月前我曾告訴妳，何方如果不願意付撫養費，最徹底解決的方式，就是要求法院把安安的監護權移轉給他，他自己撫養女兒，就不用付三千五百萬元撫養費給妳了。」

章雲的聲音幾近崩潰，「他怎麼可以這樣做！他不知道女兒是我最大的依靠，他搶走了，我怎麼活下去？」

怎麼不可以！對何方他們而言，打官司就是策略運用，這場官司打到被告不用支付撫養費才是最終的勝利，對方為了達到勝利的目的，當然會運用各項手段。可是法律訴訟的極致，真的只是法律條文與策略，見不到親情與恩義嗎？掛斷電話後，我依舊思索著……。

訴訟期間，當事人不論有什麼情緒轉折，法院的程序還是要持續進行。法官傳訊證人向晴，就訂在幾日後，地點移到調解庭展開訊問程序。開庭當天媒體記者不知道法官更改法庭地點，紛紛前往第二十五法庭等候多時，來電詢問，我正要開調解庭，不便透露，記者們以為取消庭期，自行散去，而長廊另一端雙方律師及章雲陸續步入三樓調解室坐定，法官開啟了詢問證人的程序：「去年被告付了五百萬元給原告沈曉安的母親章雲，是不是妳安排聯繫？付錢原因及五百萬元的性質為何？」說著把卷宗裡何方律師呈交的匯款水單提示給證人向晴閱覽。

向晴娓娓道來：「去年十月章雲有一天來電，說她被倒帳三、四百萬，希望我聯絡何方資助她，度過難關。何方接到電話之後，認為章雲如果跳票，信用會破產，日後經濟更加困難，於是同意我安排他們見面地點及時間。我約他們見了兩、三次面，兩人先單獨談，談完再邀我一起用餐，後來何方有幫章雲過票，詳細的金額我不知道。這些錢到底是孩子的撫養費或借款，我真的不清楚，他們之間有沒有簽書面，我也不知道，在我們一起吃飯時，我是沒看到。」

證人向晴小心翼翼地不讓自己介入雙方的紛爭中，兩造律師也無從深入詢問當時付款的細節，於是法官請向晴在筆錄上簽名後，就允許證人先離庭。接著法官語重心長地表示：「這筆錢證人無法證實是撫養費或借款，關於本件的撫養費仍然難以判定。兩造是否還繼續洽談和解？」

我想到這段時間何方對和解的淡漠、委任律師的敷衍，加上剛剛證人避重就輕，心裡一股氣冒上來，脫口而出：「施律師未被被告充分授權來談和解，我們告訴她和解條件也沒用。」施律師立即反問：「難道妳就有經過章雲充分授權？」章雲及時表態：「我的律師完全了解我的想法、狀況，當然可以代表我談和解。」

法官和善地說：「原告不妨提出和解條件，讓被告律師回去轉達。」我提議先與章雲到調解庭外商量，五分鐘後我們再度進來，我代為發言：「原告的和解條件有三項：一、三年內何先生買一棟房子給安安；二、和解書簽署時支付五百萬元予原告；三、每月撫養費十萬元。」法官迅速筆記下來，指示施律師轉達後，如雙方和解有進展，儘快陳報法院。

然而在下次開庭前，何方的律師完全無回應，似乎又是一次虛應故事，我們猜到有此結果，章雲沒再要求我聯絡對方律師問和解意見，甚至決定這次開庭由我單刀赴會，沒想到開庭當天一走進法院，記者們蜂擁而至，劈頭就問：「聽說何方已經見到安安了，是何時？在何地？律師有陪同嗎？」又有記者冒出問題：「既然何方見到女兒了，有沒有表示要付撫養費？」甚至有記者問起何方的妻子是否陪同會見安安。

我統一回答：「何方先生確實在兩週前與沈曉安見面，地點在世聯企業大樓，不過，安安還沒機會喊一聲『爸爸』。何先生要求他們夫妻單獨與孩子會面，我與章雲都不在場，我們很高興何太太願意接納安安，至於撫養費的問題仍有待訴訟處理。」語畢就穿上律師袍準備進入法庭，媒體轉向何方的律師，周律師堆滿笑容：「何方父女見面氣氛融洽，法官也同步知悉，何先生想把安安接回家裡住，所以我們進一步要提出監護權改定的訴訟。」

記者又衝過來問我：「如果何方要帶安安回家，章雲是不是會無條件同意？還是要附條件？」我舉重若輕地說：「安安是何家的孩子，何家接回她去住，我們樂見其成。至於條件，就要看何方的心意，這個問題具體要由章小姐自己回答。」

開庭後，法官詢問雙方律師對於撫養費的意見，我先表明立場：「代理人今天提出一份章雲預估沈曉安生活教育費的明細表，根據統計，原告提出每月撫養費二十五萬元的請求。」施律師立刻表示反對：「被告的兒子每月開銷才一萬三千多元，他念幼稚園每個月五、六千元。」法官插了一句：「便宜啊！」施律師接著說明：「而且我們已經提出『監護權改定』的訴訟，一旦安安回到何家，跟父親一起住，她的生活條件自然會改善許多。」

我反駁：「媒體朋友曾經提供資訊給我們，被告的兒子何信現在念雙語小學，每個月學費超過五萬元，就像沈曉安以前念光仁幼稚園，學費也是每個月五、六萬元，現在安安上小學，又要上舞蹈班，所有開銷加總起來，每月不止花費一萬三千多元。」法官想要協調兩造和解，先請媒體離開旁聽席，庭務員關上法庭的門後，周律師起身回應章雲上次調解庭提出的三個條件：「何先生都無法接受，他不明白為何要買一棟房子給安安，他的兒子目前名下也沒有不動產，而且何方要把安安接回來一起住，已經沒有撫養費的問題。」

我正要反駁周律師似是而非的講法，法官倒是說了公道話：「何方的兒子有父母、祖父母提供住處，無需擔心住的問題；安安的境況不同，而『監護權改定』變數極多，安安與其母親相依為命十年，突然分開，是否對安安有利？所以本案仍須討論撫養費。」周律師再強調：「何方不只一次表示，給章雲的錢都花光了，孩子根本也用不到。」

法官指出解決的方法：「這可以透過委任契約代管方式解決，何方與章雲簽訂委任契約，如果章雲管理不當，何方可以中止委任。」我點頭認同，何方的律師不置可否，法官眼見雙方沒有交集，只好宣布：「本件候核辦，等新法官上任再訂庭期。」我愣住了，施律師搶先問法官是否要調走？法官表示這是例行性人事調動。

我走出法庭打電話給章雲告知開庭重點，她驚訝地問：「法官要換人了？怎麼回事，是不是法官後來一直勸和解，何家不高興，透過關係把法官調走？」有時不得不佩服當事人的想像力，「別想太多，法院又不是他們開的，哪能說調就調！」

男方提出監護權改定，爭奪戰展開

何方提告「監護權改定」在媒體圈引發大震盪，幾乎主流媒體都紛紛報導，網路新聞甚至以頭條報導推出：「本案出現大逆轉，何方要求監護權改定，安安之母反對」，還有平面媒體下標題：「何家要章雲人財兩失！」媒體大幅報導威力無窮，連章雲的生活、心情都受影響。

當天晚上十點多，章雲來電，「律師，我簡直要氣死了，何方為什麼要來搶小孩？我覺得很奇怪，為何這次媒體如此高度關注，是幫何方發聲嗎？我好多朋友都看到消息了！有朋友勸我如果要再婚，其實孩子給何家也好，起碼生活條件比較好，安安可以學跳舞。我想聯絡向晴，請她轉達何方要把孩子帶回去的條件。」

我提醒章雲考慮清楚，「妳真的捨得安安跟他們住？承受得了嗎？妳還沒想好安安離開妳身邊的種種可能狀況，就開條件，何方會認為妳已經答應了，他倘若跟法官說妳願意把孩子監護權給他，而私下他又不同意妳提的條件，那麼在『監護權改定』的案子裡，妳是不是已經惹得自己立場盡失？」章雲聽懂我的憂慮了。

「對啊！律師說的對，那現在我該怎麼辦？」我提醒暫勿聯繫向晴，繼續觀察何方真正意向再作決定。

「有朋友建議我帶小孩開記者會，讓安安表明不願回何家。」章雲心意反覆，居然又提相反做法。我表明反對，「開記者會有風險，法官可能會懷疑我們在操縱小孩！而且妳想打孩子牌，萬一安安當眾表示要與父親生活，豈不難堪？畢竟安安也是個頗有自己看法的小女生。」

「怎麼可能！安安每天晚上還要親親媽咪才肯上床睡覺，我們母女很親的，她不會想要過去住啦！」章雲信心滿滿。「是嗎？安安在不在妳旁邊？我問她一下。」我決定讓章雲實際聽聽孩子真正的想法，上次處理一件離婚案，八歲的小孩上了法庭，聽了法官提問的選擇題後，給出的答案令人瞠目結舌：「法官阿姨，我不想跟爸爸住，也不要跟媽媽住，我會帶弟弟、妹妹自己住。」

章雲說：「安安在刷牙換睡衣，我叫她來聽。」過了一會兒，安安拿起手機，我先解釋爸爸另外提告，法官會問她一個問題，「安安，妳願意先告訴阿姨妳的想法嗎？」她說聲好。「法官會問妳想跟爸爸住或媽媽住？」我有點於心不忍地說。

「阿姨，下午老師看到電視就有問我了，我有想過，……我不知道要跟誰住。」安安講完就把手機遞給媽媽，「孩子的心思很難說，我看現在我們就以不變應萬變吧！看看何方他們進一步有什麼動作再說。」我作了結論，章雲沉默了，沒再搭腔，可能還在思索剛剛安安的反應，我道聲了晚安掛斷電話。有些情緒需要當事人自己消化，我們律師只能靜靜地走開。

過兩天何方透過友人向晴聯繫，希望週六下午與安安會面，晚上與奶奶聚餐。章雲有點遲疑，問我如何回應？我建議她陪伴隨行以保護女兒。但向晴轉達何方表示家人見面，章雲不適合在場，章雲氣得拒絕會面，然而向晴密集來電央託，章雲承受不了人情壓力，只好同意，不過言明只可帶去三個小時，且何太太不得在場。何太太得悉後，連續打了十通電話給向晴，請她協調會面時間延長到晚餐後，向晴與章雲溝通良久，章雲答應了，但聲明下不為例。

週六中午向晴準時來接小孩，到了五點安安還沒回家，倒是向晴來電索取章雲銀行帳戶的帳號，轉告何家要匯款支付安安的舞蹈班學費及保險費，「律師，妳看要把帳號給他們嗎？」章雲匆匆來電問我意見，我持反對立場，「和解還沒談成，何方支付個別款項，如果法官得悉，會誤以為我們接受何方的分期支付，那麼倘使和解最終沒談成，可能會影響我們請求一次付清撫養費的立場。」律師總是要想得長遠，章雲聽完我的分析就回絕向晴。

安安當天晚上六點半回到家，章雲問陪同回來的向晴會面情況如何？向晴支吾其詞：「我不太清楚耶，因為我送去何家，他們就載走了，應該是不錯吧！安安剛剛在車上說，何方載他們一家人去大葉高島屋逛。」章雲斥責向晴不守信用，「妳不是答應我全程陪同？我才讓妳帶去的，怎麼妳一帶孩子過去就走了？下次我不會再讓妳帶去了。」向晴抬頭望了一眼微慍的章雲，懶得解釋，關上車門疾駛而去。

章雲牽著安安的手邊走進電梯邊問：「爸爸有陪妳逛百貨公司嗎？」安安搖頭，「爸爸說他要去開會，開會結束再來接我們，可是後來都沒再來。阿姨帶著我與何信去逛街，何信好皮喲！拿起玩具就亂丟，外勞一直在幫他撿。」

安安睡了之後，章雲來電，「律師，我想我又錯了一次，今天根本不該讓向晴帶去的，安安缺的是父愛，又不是缺乏母愛，何方的太太為什麼要一再對她示好；卻不讓何方跟安安單獨相處？這根本就是他們設計好的，真後悔沒聽妳的話，我應該堅持若不讓我在場，就不許安安去，結果心一軟，又給何方的太太有陪伴安安的機會，這下他們要爭取監護權又添一個理由。對不起！律師，讓妳在法庭上更為難了……」

我能說什麼？當初也有分析可能的情況讓章雲評估，她卻急著希望女兒多與父親相處，孰知到了現場，女兒卻只能聽任何方妻子的布局。感覺得出她的懊悔，「沒關係啦！至少今天安安見到阿嬤了，想必阿嬤有提醒兒子要承擔撫養的責任，才會急著跟妳要銀行帳號。」還是得安慰當事人，訴訟是長期抗戰，不能讓她沮喪下去。

「哎呀！說到帳號，妳知道多扯嗎？向晴要不到我的帳戶，居然直接打電話問我父親，我爸一聽何家要給孫女匯錢繳學費，立刻把我的帳號傳給向晴，剛剛我媽跟我提起這件事，我念了我爸一頓，還撥電話告訴向晴『保險費這點小錢我借得到』，警告她千萬別跟何方透露我的帳號。」章雲又說了一段插曲。

第二天收到法院通知十天後開庭，我先到法院閱卷，影印法官向國稅局調閱的何方報稅資料，全部有五頁，法院卷宗裡卻僅有兩頁，我提醒書記官須請國稅局補寄，否則資料不齊全，我方無法提出意見。印好的兩頁傳真給章雲，她在上面發現何方家裡的電話號碼，似乎是報稅時留給國稅局的聯絡電話。「律師，可不可以請妳撥個電話給何方的太太，詢問她和解的事？」章雲試探地問。「妳怎麼不自己直接聯絡？」我不想介入太深，章雲表明難處：「這樣很尷尬，平白冒出先生的前女友，又加上一個女兒，她一定對我敵意很深，不會願意交談的，我想她見過了安安，一定希望官司早早結束，說不定可以透過她影響何方和解的意願。」

章雲似乎突然開竅了，理解三角關係的敏感性，學習使用迂迴戰術，不過這種要求我還是覺得為難，拖了幾天才撥電話找何方的妻子，她接了電話倒是開門見山地表態和解與否要問何方，還說何方回家提到這樁訴訟並沒有指責之意，只是對於章雲提告一事發了一頓不小的脾氣。我感受到她的和善，順帶問起上次見面，何方沒有陪伴女兒長些時間的原因。「噢！何方的個性不太擅長與小孩互動，因此他要我在場作陪，上次見面，本來我們要一起帶安安逛遊樂場，何方臨時接到公司的電話，有個廠區出事，他趕到現場緊急處理，一直到晚上才安頓好，所以連晚餐都錯過了，不過我婆婆用餐時，她很喜歡安安，叮嚀她多到家裡來玩。律師，我會幫你們問問何方看看和解怎麼進行，過兩天再回覆。」真是大家閨秀，應對進退有禮有節，言談之間，和善又有分寸，我轉述給章雲聽，告訴她和解只能等消息了。

過了三天都沒回電，我再回撥電話找何方的妻子，外勞都說她不在家，不知是真忙或逃避我的詢問。兩天後何太太主動來電：「很抱歉，這幾天我先生很忙，沒時間跟他提到和解的事，昨晚徵詢他的意思，他說這是他婚前做出來的事，由他自己承擔，不希望我介入。其實前幾年何方見過安安回來有提過，當時我們還沒有小孩，我曾提議將孩子接回來，他說人家有家庭，不便打擾。而現在何方認為這件事情已經進入訴訟程序，就讓律師出面解決。我個人對章小姐並無敵意，希望在案件結束後，大家可以做朋友，畢竟我們自己都有小孩，都希望孩子過得好。」

我轉達後，章雲表示：「這種回答在意料之中，看來她不想介入，也有可能何方不想讓她管，我們會不會找錯人談，還是要找何方的母親談？」我說目前缺乏管道，就順其自然吧！

沒想到過幾天章雲居然心急地叫女兒直接撥電話給爸爸，安安原本不想打這通電話，後來她問媽媽：「是不是與爸爸通電話，以後家裡的房子可以換大一點？」章雲點點頭，安安才打電話到辦公室找何方，出乎意料地何方接了電話，很驚喜，問了一些安安學校的事，父女聊得很愉快，何方結束對話前還叮囑安安日後可以在這個時間多來電。

章雲懊惱地告訴我：「我想何方一定不在，或是電話會被祕書擋下來，沒料到居然接通了，還聊得這麼高興，這下子，我們開庭就不能說他失職，不適合擁有監護權了……。」

章雲實在低估了女兒在何方心目中的地位，「前女友」當然比不上「前世情人」，女兒主動來電，做父親的人當然歡天喜地，而前女友來電，擺明是來要債，何方自然退避三舍。不忍心刺傷章雲，我只希望她轉個念，「大人打官司是一回事，千萬不要波及孩子；如果訴訟可以促使父女多聯繫，也是一件好事，父女樂享天倫之後，訴訟的結果就不是那麼重要了。」章雲對於我的勸語有點驚異，我又問：「為什麼安安會說到跟爸爸通電話，家裡房子可以換大的？」章雲答道：「我也沒料到她會這麼問，可能是這陣子我爸爸跟弟弟在討論現在住的房子太小，七、八個人住不下的事。」我說：「這孩子真是早熟得令人心疼！」

小孩的內心意願

開庭前夕，章雲與辛主編來辦公室討論出庭事宜，我建議章雲親自出庭，因為法官會合併審理親子關係與指定監護權的兩個案子，國稅局已經遞送何方的報稅資料，年平均所得將近四千五百萬元，媒體肯定會有興趣了解撫養費如何支付，法院如何裁定監護權；法官也會針對這兩項重點深入調查，章雲當庭作答，對於我們的主張更有說服力。

章雲又開始發愁：「我想到要出庭就緊張得胃痛，記者問的問題很怕答不出來。」我提議先作沙盤推演，「如果法官問妳監護權歸誰比較合適？」章雲毫不遲疑地答道：「我原則上尊重女兒的意願，現在何方這麼忙碌，哪有時間照顧小孩？小孩如果跟了他，我會很捨不得，畢竟我們母女已經相依為命十年。」肺腑之言，其實毋需庭前演練的。

第二天章雲在法庭上真情流露，述事真切。我只是補充強調這段期間父女雖有兩次會面機會，但是何方匆匆離去，陪伴安安的時間不超過二十分鐘，大部分是何方的妻子在場，失去父女相聚的意義。

周律師又開始反擊：「如果有豪門要領養我的小孩，我馬上送過去。」我起身回應：「周律師，您可能還有一句話想說卻沒說出來，就是——章雲真是不識好歹！可是我想提醒您，並不是每一個人都像您一樣，一看到『豪門』，就把親情拋諸腦後。」

周律師瞪大眼睛駁斥：「誰說豪門就沒有親情！」我繼續搭腔：「豪門可能有親情，可是我在何方身上沒看到，只看到『利用』與『算計』；上次是誰一接到小孩就急著打電話給律師，要求同步回報法官父女正在會面？又是誰提告『指定監護權』的訴訟，硬生生地要將小女孩從相依為命長達十年的母親身邊搶走，推到完全陌生的家庭環境裡？你們有考慮到孩子的感受嗎？沒錯，孩子是需要父愛，可是不是要像這種粗暴式的給予，絲毫沒有顧及九歲小女孩的恐懼與不安全感，這是充滿親情的做法嗎？何方有沒有仔細去了解女兒的需要？孩子現在想要的是什麼？……母親持續的照顧、保護、陪伴，以及父親的關心與疼愛。下次周大律師要把自己親生子女送到豪門之前，請先問問孩子，這真的是他想要的，還是您想要的生活？」

周律師漲紅了臉還想回嗆，法官為了阻止戰火蔓延，問道：「關於國稅局回覆的公函，兩造有何意見？」我搶先答道：「國稅局的公函缺少三頁，上次閱卷已經告知書記官，請國稅局補送。目前看到的兩頁內容，可以確定何方前三年的年平均收入超過四千五百萬元，顯然有能力一次付清原告訴請給付之撫養費。」

施律師表示對國稅局資料沒有意見，需不需要再調足另外三頁，請法官斟酌，但強調稅務資料中年收入很多部分是家族的理財收入，不是何方自己的所得積蓄，無法用來支付一次性的撫養費。

法官指示書記官修改筆錄上幾個錯字及調整文句後，詢問雙方律師還有什麼補充？我看何方的律師皆無發言之意，再度強調：「監護權部分，我們感受到被告親近女兒只是策略運用，並非真正疼惜孩子，我可以提出近日寄發的律師函，內容促請何先生儘速和解，並附上安安的考卷，何方回函時根本不願在考卷上簽名，也拒絕出席舞蹈班的成果發表會，考卷是學校要求家長要簽名交回，連這樣的舉手之勞，何方都不願意做到，他對安安到底有多少關心？」

此時周律師搶著發言：「庭上，這個我們要解釋，何先生認為考卷由小孩帶來給他簽就好，何必透過律師催促轉交？被告沒有不願意簽呀！原告大律師這樣造謠誹謗，真的很嚴重！」

我看了他一眼，繼續說明原告的聲請事項：「依非訟事件法第一二八條的規定，如果子女為滿七歲以上的未成年人，法官就指定監護權事件未裁定前，應聽取其意見，請審判長傳喚沈曉安到庭說明，並函請社會局進行訪視作成報告。」法官明快地裁示：「本院將補調國稅局資料，原告訴代庭呈的律師函及附件將作為指定監護權的考量，下一次庭期傳喚沈曉安及何方出庭說明。」

我與章雲走出法庭，門口有幾位記者守候，問起安安監護權的事，章雲只簡短表示將盡母親的力量維護監護權。有位廣播電台記者出了道難題：「你們雙方打官司到現在這個階段，DNA也驗出來了，可是何方顯然冷漠以對，這樣繼續打下去，有何意義？」章雲聽完轉身就走，只拋下一句話：「這個問題妳應該去問何方！」

台北市政府社會局社工人員來電約定訪視時間已經是兩個禮拜後的事，可是後來又取消，拖了一個月後我詢問承辦人員，她才說：「我們已到何方家裡完成訪談，訪視報告今天會送法院，章小姐的部分由於是在新北市，我們要先去與書記官聯繫，由法官發公文給新北市政府，不過因為最近較忙，還沒空併同何方的訪視報告通知法院……。」我開始覺得事有蹊蹺，難不成何家又介入，影響訪視進度？「呈送被告的訪視報告，及通知法院另外轉送原告訪視程序到台北縣政府是兩件事，不用一併處理，可以分開寄，你們這樣拖延會耽誤到孩子的監護權，知道嗎？」我不客氣地指出社工人員的進度。「我們最近確實比較忙，我會跟主管報告。」承辦員話語中似乎有難言之隱。不想為難她，我立刻掛斷電話，思索著為什麼何家寧可把時間花在阻撓社會局拖延這些程序上，卻不願正視問題所在。

不過這種程序問題我沒用上多少心思，因為安安要出庭，陪她事先溝通才是首要之務。章雲帶安安來我辦公室，我先解釋什麼是「法官」、為什麼明天要去法院、法官會問什麼問題。安安靜靜地聽，接著回答我準備的幾個問題：一、妳現在幾歲跟誰住、念幾年級？二、平時誰幫妳看功課、陪妳玩？三、如果爸爸、媽媽都想和妳住，妳希望跟誰住，為什麼？四、上次和爸爸見面，高興嗎？喜不喜歡爸爸？

安安明確地回答要跟媽媽住，因為跟爸爸不熟。在回答喜不喜歡爸爸時，有些猶豫，眼角瞄了一下章雲，彷彿擔心母親會不悅。我鼓勵她說出心裡的話，「喜歡爸爸是很正常的，爸爸也很愛妳呀！妳說出來媽媽不會不高興的。」安安展開笑顏：「我喜歡爸爸！」倆母女離開時，章雲心事重重，究竟是在意安安的回話，或者擔憂明日出庭的狀況，在孩子面前也不便細問，就讓她自己消化情緒吧！

報社記者開庭前透露最新的訊息，「律師，我們剛剛打聽到何方今天不會出庭，他的律師以訪視報告還沒送到法院為由，請求法官准予不出庭，而且他們還勸阻章雲母女出庭，律師有聽說此事嗎？」我說：「沒有啊！我跟章雲現在正要出發去法院，安安也會出庭。」電話掛斷，我望向坐在章雲與我之間之安安，臉上出現略顯緊張的神情，「安安，妳在想什麼？」我拍拍她的手。「我在想法官長什麼樣子？」我笑稱：「沒有妳爸爸帥啦！」試圖沖淡緊張的氣氛，她也笑出來了。

不過我們到了法院，剛走出三樓的電梯，眾家媒體就一擁而上，安安緊抓母親與我的手，紅呢帽下的臉龐，抿緊了嘴唇，我先帶她進去法庭報到，再走出來接受媒體採訪。記者劈頭就問：「安安，妳知不知道今天來法院做什麼？」安安說：「媽媽帶我來。」媒體問起話題性最強的事：「最近妳有沒有見到爸爸？」安安誠實作答：「有。」

接著記者殘忍地問出關鍵的問題：「如果法官問妳要跟爸爸住或媽媽住？」安

安毫不猶豫地說：「媽媽。」對於輕鬆的話題，安安完全實問實答，「妳過年要不要跟爸爸一起吃飯？」安安搖頭說：「不要。」記者又問：「妳想跟爸爸講什麼話？」安安回答不知道，我就示意要帶安安走進法庭了。

記者把麥克風轉向章雲：「妳願意讓孩子認祖歸宗嗎？」章雲簡潔地說：「願意！」記者提出何家最大的疑慮：「何先生之所以不願付撫養費是怕妳挪為他用，如果妳拿到這筆錢會去還債嗎？」我憂心地望向章雲，不知她會如何回應，沒想到章雲篤定地說：「我不會挪作他用，撫養費與債務是兩回事。」我鬆了一口氣，記者又好奇地問：「妳願意把監護權給何先生嗎？為什麼？」章雲給了明確的答案：「不願意，因為何方愛心不夠，而且他沒時間。」我拍了章雲肩頭，表示該結束採訪了。

我們三人走進法庭，安安坐在我與章雲中間，我正為她調高座椅時，法官進來了坐定後，先表示：「國稅局檢送之一〇三年報稅資料已臻明確，無須再補送；至於被告聲請傳喚證人白孟琪，本院認為她是被告的妻子，與本件無直接關聯，無須傳訊；子女監護權改定案的訪視報告會再命社會局完成。兩造有何意見？」

何方律師先發言：「撫養費部分，關於父親之資力須以客觀、固定之薪資來判斷，不宜以被告報稅之總收入來認定，章雲債務太多，無法撫養小孩，監護權應該由何方先生行使，對未成年子女沈曉安的權益才有保障。」

我立刻駁斥：「何方年收入高達三千九百九十七萬元，顯然有能力支付三千五百萬元的撫養費，去年何方報稅資料應再查明，請鈞院發函給國稅局補送資料。原告聲請傳喚證人白孟琪部分，原告還是希望審判長傳訊，另外社會局針對何方訪視報告已完成，可是章雲卻遲遲未接到訪視通知，不曉得是什麼原因。」

法官只有將雙方律師陳述要點記明筆錄後，未作任何指示，立即展開今日庭訊重頭戲——詢問安安。法官和顏悅色地開口：「妳幾歲，告訴叔叔。」

安安輕聲回答：「九歲。」

法官和善地問：「妳喜歡跟爸爸住還是媽媽？」

安安表明：「我要跟媽媽住。」

法官又問：「為什麼呢？」

安安的回答令人莞爾：「我認識媽媽比較久。」

法官順著她的回答，又問：「認識媽媽多久了？」

安安認真地答：「我現在九歲，認識九年了。」

法官笑著說：「那要加上在媽媽肚子裡的時間。」法庭嚴肅的氣氛似乎沖淡了許多，法官又加了一句：「跟媽媽住會不會辛苦？」安安看了章雲一眼，搖搖頭說：「不會。」

法官等安安坐回章雲旁邊後，庭諭要求被告三日內提出親子會面計畫，宣布下次庭期就結束今日的庭訊。

當天晚上我的手機響起，是何方的妻子來電表示，何方的母親很不諒解為何我帶安安出庭，又接受媒體採訪，希望與我通話，我覺得有點意外，立刻答應，隨即聽到話筒傳來略帶閩南腔的聲音，我說：「何伯母，您好！我跟您解釋，孩子之所以昨天會到法院，是因為何方先生提起監護權之訴訟，法官要求安安到法庭表達她的意願，媒體跑到法庭採訪，我們在現場很難阻止，當然章小姐也不願意孩子曝光……。」何母語氣中有著責怪之意：「這種情形，不論是誰家的小孩，看了都會令人心疼。」

既然老人家心疼孫女，我抓住機會，試探和解的可能性：「我們也希望訴訟盡早結束，是不是何媽媽能有其他方式來解決這個問題？」何母倒是推得俐落：「他們都已經是成年人了，會自己解決問題，我這把年紀就做些輕鬆的事就好，不需要去操心，讓法院依法來處理。」

感受不到她的善意，我索性結束對話：「既然是這樣，我們只好繼續打官司了，那就不打擾何伯母，謝謝，再見！晚安。」

我告知章雲通話過程，章雲認為是意料中事。雖然這次對話未能開啟和解管道，至少掌握了幾個資訊：何家非常在乎孩子在媒體曝光、何家對訴訟有把握，欲採取拖延策略，不可能輕易和解、何母不願介入此案，尤其是和解部分。看來「和解」暫無契機，只能繼續打官司戰及媒體戰了。

下一次庭期，法官重點在於何方與安安會面的狀況，因此開庭前夕交代書記官來電要求章雲母女出庭。一開庭法官就問：「被告提出父女定期會面計畫表，執行情形如何？」何方的律師趁機告狀：「原告都給我們軟釘子碰，何方夫婦要帶安安去世聯附設醫院看門診，章小姐堅持她要在場，何先生只好請章小姐自己帶安安去醫院，他允諾會指派醫院的專人打理，章小姐又不肯，我們很難執行計畫。」

法官轉向章雲：「章小姐，為什麼呢？」章雲心裡也有氣：「因為孩子跟何方不熟，去醫院她會害怕，要我陪著，如果何方這麼忙，不願意花時間親自陪小孩上醫院，我也有認識的醫生，就不用去世聯附設醫院了。」法官直接問安安：「那是爸爸的醫院怎麼不敢去？」安安答：「我會怕呀。」法官決定耐心地勸說章雲讓步：「監護權的案例我處理很多件，通常會發生監護權之爭，生父與生母相處必定不好，自然不能強求在探視子女的時候，另一方必定要在場。生父生母在一起會有爭執，所以探視的時候我都讓生父或生母單獨與孩子相處，章小姐為了小孩應該多配合，為了女兒的利益著想，不需要堅持一定要在場。」

章雲聽了比較軟化：「我再問問孩子的意思，我認為如果不是何方陪我小孩，而是別人，那就沒有什麼意義了。」我再解釋：「探視的時候生父單獨與孩子相處我們可以接受，章小姐並非不同意父親帶女兒去醫院，何先生願意帶孩子看診，章小姐覺得很欣慰，但是上醫院是比較特殊的情形，孩子看到醫生通常壓力較大，父女倆見面次數少，還不熟絡，馬上就要去醫院，站在第三者的立場來講，這實在不是初次會面很好的方式，給孩子的壓力太大了，章小姐希望能陪伴看診，一方面要消除孩子的恐懼，一方面了解醫生的看法及醫療計畫，以便與何方共同決定是否開刀，這應該是合理的要求，所以我們要求一起去。至於平時相處，我們只要求何方一定要與孩子在一起，有實質互動，而不是丟給其他人，而且要何方親自接送，章小姐帶小孩去交給何方的時候，可以交代他孩子的相關事宜。」

法官似乎想到什麼，直接問安安：「妳跟爸爸在一起時，可否隨時打電話給媽媽？」

安安乖乖地答：「我可以打電話給媽媽。」法官下了決定：「章小姐妳就把孩子交給何方，孩子若不舒服，可以隨時打電話給妳，妳再接回來，父女相處情形我再來評斷。施律師！請妳回去問何先生，可否由章小姐帶孩子去交給他？」施律師居然得了便宜又賣乖：「我儘量，不過何先生很忙，不知道有沒有時間，我們也希望孩子儘量不要曝光。」章雲瞪了她一眼，我使了個眼色，勸章雲勿再回應，法官宣布：「下次二月二十七日十點四十分開庭，如需要安安來說明，再另外通知。」

二月中旬，為了爭取結案前最後的和解機會，我直接電詢法官：「何方、章雲雙方訪視報告已完成，是否可以請法官安排時間，讓雙方當事人親自出庭，父母親與小孩當面溝通監護權相關事宜？」其實我真正的用意是透過當事人法庭見面，有機會勸諭和解，不過法官婉拒了，他說：「如果案情有需要，我們會提早通知雙方當事人；不過依我個人經驗，家事案件法官介入太深也不妥適，親情是無法勉強的，這次開庭監護權裁定及撫養費二個案子會一起結案。」看來是無法在訴訟程序要求何方出庭了，最後一次和解的期待還是破滅……。

於是在言詞辯論庭上我努力作了總結：「原告堅持撫養費三千五百萬元一次付清是考量到幾項重要因素，因為一次付清母女可統籌規劃此筆款項，例如購屋，給安安生活一個保障；此外世聯企業這幾年已向中國大陸進行各項投資，何方極可能日後移民大陸，如果分期支付，恐怕以後難以追償撫養費；至於每月二十五萬元撫養費，這是因應前任法官之建議提出之分析表，目前原告仍偏向一次付清三千五百萬元，如果鈞院審酌結果，認定要分期支付，這些細目均屬合理之估算。最後原告再次強調父女定期會面之重要性，懇請審判長維持由母親享有監護權，我們會遵守鈞院判決定期會面之要求，因為『親情』才是本件訴訟原告最希望追求的目標。」

何方的律師高調地主張：「何方絕對不會脫產，本案撫養費不須一次付清，甚至被告可以先一次開出所有支票分期兌現。而且分期支付，每月撫養費不應這麼高，安安才念小學，根本無需這麼多的生活開銷，被告的薪水也有限，每月支付一萬五千元是我們認為合理的金額。」

兩造律師辯論完畢，法官最後問章雲：「有何補充？」章雲緩緩訴說心聲：「這九年多來都是我在養女兒，何方他都沒關心過，現在我生意失敗，來打官司，也是不得已，誰願意這麼辛苦，每次開庭還要被他的律師攻擊……」回想訴訟的點滴，章雲悲從中來泣不成聲，法官諭示宣判日期後退庭。章雲步出法庭，眼眶紅紅地表示宣判時要來聆聽。

等待一年的訴訟，畫下句點

三週後法官宣判，法庭外，媒體依舊擁擠，接受採訪後，章雲坐在走道旁椅上等候進入法庭聆判，臉上浮現慣有的緊張與膽怯，畢竟等待了一年，終於到了聽結果的時候，等不及上一個案子的當事人退庭，我就挽著她進去，法官隨即站起來宣判，他先念判決主文第一項：「確認原告與被告父女關係存在」，這是意料中事，做過DNA鑑定，小女孩是他的親生女兒，錯不了！法官接著又念第二項主文；她聽到扶養費每月六萬元五千元，神情不悅，已無心思再繼續聽下去，法官平靜地宣讀完畢後，她拉著我輕聲的問，等一下出去了要怎麼跟媒體說？我反問她，這個判決結果妳能接受嗎？她說當然不能呀！「不能接受就只有上訴囉！」我暫時幫她下了個結論，撫平她紛亂的思緒。

步出法庭，面對一整排攝影機，她說：「我要上訴……。」

把她從記者群中帶離法院，看出她心情起伏，這時也不好讓她獨自回家，免得胡思亂想，打了一年多的官司，也想聽聽她此刻的心聲，我們走進了一家咖啡廳，聊聊這一年來併肩作戰的種種煎熬、壓力，談到她女兒的趣事，以及她如何不讓女兒捲入這場大人的恩怨是非中，又回憶這個男人的薄情與逃避，最後她仍回到主題：「妳看我要上訴嗎？」

執業多年，每次面對判決結果不如預期時，當事人總是會問這句話，我的建議多半是肯定，但是面對這個案子我遲疑了，因為它不是單純的財產之爭，而是糅合濃濃的親情在其中，如果處理不當，可能會讓一個九歲的小女孩一輩子得不到父親的關愛。事實上，再上訴，繼續纏訟，勢必造成孩子與父親更大的隔閡，我很想直接告訴她，不要上訴了，妳幫孩子爭取到的已經夠多了，接下來，就讓孩子自己去經營她與父親的親情吧！不過這種表達方式恐怕只會引起她的反彈，單親媽媽強烈的危機意識不是我們可以理解的，何況她覺得這個男人欠她們母女這麼多！

於是我換個方式分析給她聽：何方是大財團的少東，整個企業目前並非他在掌權，這個案子到了高等法院，不論是繼續訴訟還是商談和解，在檯面上他不可能提供優渥的條件，因為家族中輪不到他作主，而他的妻子也不願意讓他以較好的條件面對這對母女，訴訟程序並沒有更好的理由說服法官作成比現在判決更佳的結果，反而阻隔他們父女培養親情的機會，訴訟三、五年後，孩子進入青少年反抗期，對父親漸萌敵意，以後縱使官司結束了，孩子也不一定要這個父親了，到時候為人母親是否更加心酸？倒不如整個案子讓它到此為止，畫上圓滿的句點，讓孩子認祖歸宗，也得到了基本的生活費用，以後多鼓勵孩子與父親聯繫，用他們自己的方式建立父女之情，深淺厚薄，就看他們的造化與緣分了。

她靜靜地聽，似乎有些認同，但仍不放棄她原來要繼續上訴的想法，我建議她回去再考慮，畢竟孩子還小，她要幫她著想的日子仍長得很！

我私下聯繫何方的律師，詢問後續處理，可否以和解方式代替上訴。施律師說：「妳很厲害，監護權打贏了！」我直接切入正題：「撫養費的部分可否雙方商量看看，如果何先生可以給章雲母女一個保障，我會勸章雲不要上訴，否則章雲去扣押何先生的薪水，也很難看。另外安安是不是要同時改姓更名？」施律師答應轉告當事人。

過了兩個禮拜，接到判決書後，章雲仔細地看了又看，法官分析得很透澈，也為孩子作了很多考量，她釋懷了，我趁這個機會又勸了勸她：「法律不是萬能的，法院沒辦法強迫父親去關心疼愛小孩，所有的親情要以最自然的方式展現，這個小女兒本身有著無比的吸引力，她的父親面對她一定會自然流露父愛來表達他的關懷與疼惜，這種力量比十份判決書還強，何不讓他們自然地接近、相處，填補這十年來的空白，也讓父親引領小女兒邁向未來的人生！至於孩子與父親日漸親近後，會不會就投向何家懷抱，不要媽媽了？其實，孩子與媽媽相依為命將近十年，這種依賴與信任，不是父親幾次見面或疼愛呵護就能取代的，安安不是不止一次告訴妳，她要永遠和媽媽住在一起！那還擔心什麼呢？」剛巧施律師來電轉述何方和解的誠意與具體執行方式，章雲聽了寬心許多。

幾天後，終於她作了決定，不上訴了。一種安心、平靜的感覺從我心底升起，希望老天祝福這對父女有個美好的開始！

金錢與權勢毀得了愛情的山盟海誓，卻擋不住父女親情的牽繫！缺席九年的父親面對突然出現的親生女兒，如何在家族龐大的事業版圖與彌補父愛的虧欠心情中取得平衡點，找到最適切的解決方法？父女情深會給出答案的！

MAGIC 21

INK PUBLISHING

在多變的婚姻危機中找出路
——山盟海誓比不過一張紙

作　　者　蘭天律師
總 編 輯　初安民
責任編輯　宋敏菁
美術編輯　黃昶憲
校　　對　吳美滿　蘭天律師　宋敏菁

發 行 人　張書銘
出　　版　INK 印刻文學生活雜誌出版股份有限公司
新北市中和區建一路249號8樓
電話：02-22281626
傳真：02-22281598
e-mail：ink.book@msa.hinet.net
網　　址　舒讀網http://www.sudu.cc

法律顧問　巨鼎博達法律事務所
施竣中律師
總 經 銷　成陽出版股份有限公司
電　　話　03-3589000（代表號）
傳　　真　03-3556521
郵政劃撥　19785090　印刻文學生活雜誌出版股份有限公司
印　　刷　海王印刷事業股份有限公司

港澳總經銷　泛華發行代理有限公司
地　　址　香港新界將軍澳工業邨駿昌街7號2樓
電　　話　852-27982220
傳　　真　852-31813973
網　　址　www.gccd.com.hk

出版日期　2018年 12 月　初版
ISBN　978-986-387-265-8

定　價　360 元

國家圖書館出版品預行編目資料

在多變的婚姻危機中找出路
——山盟海誓比不過一張紙／蘭天律師著
--初版, --新北市中和區：INK印刻文學,
2018.12面；14.8 ×21公分. --（Magic；21）
ISBN 978-986-387-265-8　（平裝）
1.婚姻法 2.法律諮詢
584.41　107017011